# 대구 지역어의 신방언과 세대별 음운 현상

# 책머리에

지역 소멸이 화두가 되고 있다. 지역이 소멸된다는 것은 그 지역의 인구가 사라지는 것이며, 이는 곧 그 지역의 문화와 역사를 담아내는 언어, 즉 방언이 사라진다는 의미이기도 하다. 방언은 한 지역의 정체성을 규정하는 중요한 도구이다. 따라서 방언의 변화를 기록하고 분석하는 일은 단순히 학술적인 의미를 넘어, 지역의 정체성을 보존하고 미래를 조망하는 데 필수적인 작업이라고 생각한다. 국어학을 전공하는 수많은 연구자가 방언 보존을 위해 노력하고 있으며, 이 책 또한 그러한 노력의 한 부분이다. 대구에서 나고 자라 지금까지 대구 지역어를 사용해 온 방언 화자로서 자연스럽게 지역어에 관심을 두게 되었다. 대학원에서 공부하면서 방언의 현재를 포착하고 그 변화의 방향성을 탐구하기 위해서는 한 지역 내 세대 간의 방언 차이를 살펴보는 데서 시작해야 한다고 확신했다. 그래서 박사학위 취득 이후 본격적으로 대구지역의 세대별 음운 현상 차이에 주목하여 신방언, 화용론, 사회언어학적 관점 등 다양한 시각으로 연구를 진행하였고, 이 책은 이러한 그간의 연구 성과 일부를 한데 모아 엮은 것이다.

이 책은 크게 1부와 2부로 나뉜다. 1부에서는 대구지역의 젊은 세대에서 새롭게 나타나는 방언형, 즉 '신방언'에 주목하여 살펴보았다. 1장에서는 중앙어의 대표적인 특징이었던 '오→우' 고모음화가 대구지역의 젊은 세대에서 활발히 실현된다는 점에 주목하고, 이를 '신방언'으로 볼 수 있는지 검토하였다. 또한 이전 세대인 노년층의 실현 양상과 비교하여 세대 간 차이도 확인하였다. 2장에서는 1장에서 살펴보았던 '오→우' 고모음화가 신방언으로 작동하는 원인을 밝히고자 대구 지역어의 자연발화를 수집하여 분석하였다. 그 결과, '오→우' 고모음화는 대구지역 젊은 세대에서 [+공손성]의 자질을 띠며 실제 대화에서 '공손 전략' 중 하나로 사용되고 있음을 확인하였다. 3장에서는 대구지역 젊은 세대에서 새롭게 나타나는 또 다른 음운 현상인 'ㄹ' 첨가 현상을 살펴보았다. 이를 위해 청년층과 노년층의 구어 발화를 조사하였고, '르' 불규칙 어간, 연결어미 '-(으)려고'에서 나타나는 'ㄹ' 첨가 현상을 비교 분석하였다.

2부는 대구 지역어를 포함한 남부지역 방언에서 나타나는 음운 현상의 세대별 실현 양상을 다루었다. 1장에서는 세대, 성별, 사회계층, 말투와 같은 사회언어학적 변인에 따라 대구 지역어의 어두경음화 실현 양상을 살펴보았다. 2장에서는 대구지역에서 모음 '위'가 세대별로 어떻게 실현되는지 살펴보았다. 대구지역에서 모음 '위'는 [wi], [i], [u] 중 하나로 실현되는데 어두, 비어두, 선행자음에 따라 청년층, 중장년층, 노년층에서 어떤 차이를 보이는지 비교 분석하였다. 3장에서는 18세기부터 시작된 전설모음화가 현대 대구지역의 노년층과 청년층에서 어떻게 실현되는지 조사하고, 그 변화 과정을 살펴보았다.

이 책은 전통적인 방언 연구가 주로 농촌의 노년층 화자를 중심으로 이루어졌던 한계를 극복하고자 하였다. 현재의 방언을 토대로 미래의 변화를 예측하기 위해 세대별 차이에 초점을 두었으며, 그 과정에서 전형적인 방언형과는 다르게 새롭게 나타나는 방언 현상, 즉 '신방언'에 주목하게 되었다. '오→우' 고모음화나 'ㄹ' 첨가 현상과 같이 젊은 세대에서 활발히 나타나는 음운 변화는 단순한 발음 변이가 아니다. 이는 사회적 맥락 속에서 새로운 의미와 위신을 획득해 가는 언어의 역동성을 보여준다.

부족한 연구가 책으로 출간되기까지는 저의 부족함을 채워주신 많은 분들의 따뜻한 도움과 격려가 있었다. 먼저, 석사과정부터 방언의 중요성을 일깨워주시고 지금도 변함없이 학문의 길을 걸으며 귀감이 되어주시는 오종갑 교수님께 깊은 존경과 감사를 드린다. 지금은 닿을 수 없는 곳에 계시지만 연구자로서의 길을 응원해주시고 늘 따뜻한 격려를 아끼지 않으셨던 이혁화 교수님께도 감사드린다. 흔쾌히 출판을 허락해주신 한국문화사와 출간 과정에 어려움 없이 많은 도움을 주신 김상희 선생님 이하 출판사 편집부에도 감사드린다. 헌신과 믿음으로 지켜주시는 엄마, 내 평생의 반려자이자 가장 친한 친구인 남편, 나에게 한없이 자상하고 따뜻한 아들의 무한한 지지에 고마움의 마음을 전한다. 무엇보다 이 연구를 가능하게 한 것은 매 연구마다 살아있는 생생한 지역어를 들려주신 제보자들 덕분이다. 이분들의 귀한 음성이 없었다면 이 책은 결코 완성될 수 없었을 것이다.

2025년 9월

하양 가마실길에서

배혜진

# 목차

## 2부 대구 지역어의 세대별 음운 현상

### 1장 어두경음화



### 2장 '위'의 단모음화



### 3장 전설모음화

# 1부

## 대구 지역어의 신방언

# 1장

# '오→우' 고모음화

이 장에서는 대구지역어에서 새롭게 나타나는 '오→우' 고모음화 현상을 '신방언'의 관점에서 심층적으로 분석하였다. 나아가 대구 지역 화자들의 세대별 음운 현상의 차이를 파악하여 중부방언의 '오→우' 고모음화와 어떤 차별점이 있는지도 살펴보았다.

# '오→우' 고모음화

## 1. 서론

본 연구는 동일 방언권 내 젊은 화자층에서 나타나며 기성세대 언어형과 구별되는 새로운 방언형인 '신방언(new dialect)'에 주목한다. '신방언(new dialect)'은 같은 방언권에 있지만 이전 세대에서 사용하던 말과 차이가 있는 어형으로 상대적으로 젊은 화자들이 사용하는 새로운 방언형을 일컫는다. 최근 대구지역의 젊은 세대를 중심으로 이전 세대가 사용하던 경북 방언의 '전형적'인 방언형으로 볼 수 '없는' 새로운 음운 현상들이 나타나고 있다. 그 대표적인 예로 '오→우' 고모음화를 들 수 있다.

신방언 이론에서는 언어 내적 요인에 의한 방언 변화보다는 인구 이동과 사회 구조 변동이라는 언어 외적 요인이 방언을 어떻게 변화시키는가에 주목한다(오새내2007:182). 이러한 관점에서 볼 때, 대구지역 젊은 세대에서 두드러지는 '오→우' 고모음화 역시 언어 외적 요인의 영향 하에 형성 및 확산되었을 가능성을 배제할 수 없다. 이에 본고에서는 대구지역에서 나타나는 '오→우' 고모음화를 '신방언'의 관점에서 살펴보고, '신방언'으로 기능하는 해당 음운 현상의 구체적인 실현 환경 및 양상을 세대별 비교 분석을 통해 심층적으로 고찰하고자 한다.

강희숙(2005), 김규남(2000), 김아름(2008), 홍미주(2013) 등의 선행 연구들은 '오→우' 고모음화 현상을 사회언어학적 관점에서 분석하였다. 이들 연구는 주로 사회언어학적 변인(세대, 성별, 사회 계층 등)에 따른 실현 양상 분석에 국한되거나, '오→우' 고모음화의 언어 외적 기인을 탐색하기 위해 언어 태도 연구에 집중하는 경향을 보였다. 이러한 연구들을 통해 해당 음운 변화의 개신자 및 언어 외적 요인에 대한 이해를 도울 수 있으나, 현재 대구지역에서 진행 중인 신방언의 발달 과정이 기존 대구 지역어 사용자의 언어 습관과 어떠한 차이를 보이며, 개신지에서 관찰되던 음운 현상의 실현 양상 및 변화 과정과는 어떠한 차별성을 갖는지 명확히 파악하기 어렵다는 한계가 존재한다.

새로운 방언형은 비록 초기 발달 단계에 있을지라도 고유한 양상이 드러나므로 이에 대한 면밀한 분석이 요구된다. '오→우' 고모음화의 경우, 어휘 형태소보다 문법 형태소에서 더욱 활발한 실현 양상을 보이는 것으로 알려져 있다. 따라서 본 연구는 해당 음운 현상이 어떠한 언어적 환경에서 실현 및 확산되는지, 만약 명확한 언어적 환경을 규명하기 어렵다면 어떤 어휘 항목들을 중심으로 나타나는지에 대한 분석을 목표로 한다.

## 2. 연구방법

현재 대구 지역어에 나타나는 '오→우' 고모음화를 확인하기 위하여 현장시간 방법(연령 차의 겉보기 시간, apparent-time method)에 의해 현장조사를 실시하였다. 엄밀히 따지자면 현장시간은 절대적인 시간이 될 수는 없다는 한계를 지니고 있다. 하지만 이노우에 후미오(2015:319~320)는 특정 어형의 용법 및 지리적 분포가 연령층에 따라 유의미한 차이를 보일 경우, 해당 어형의 신구를 추론할 수 있다고 주장한 바 있다. 이러한 관점에서 본다면, 현장시간 방법으로 세대 간 변이형 분석을 통해 언어 변화의 뚜렷한 진행 양상을 효과적으로 포착할 수 있다.

더욱이 현장시간 방법으로는 언어 변화의 언어 외적 요인을 살펴볼 수 있는 언어 인식에 대한 조사가 더 용이하다는 이점이 있다. 언어 인식 연구는 다수의 연구 참여자를 대상으로 하는 것이 중요하므로, 통시적인 절대시간 연구로는 현실적인 제약이 따른다. 무엇보다도 현장시간 방법은 공시적으로 수집된 변이 자료를 기반으로 진행 중인 언어 변화의 단계적 양상을 확인하는 데 유효한 방법론이기 때문에 본 연구의 조사 목적과도 부합한다고 판단하였다.

제보자는 '1) 대구에서 생장한 사람, 2) 노년층 여성 제보자의 경우 대구에서 태어나지 않았더라도 인근 지역에서 시집 온 사람, 3) 청소년의 경우 부모님 두 분 모두 대구에서 생장한 사람'이라는 3가지 조건에 따라 판정 추출법으로 선정하였다. 2015년 11월부터 2016년 3월까지 진행한 조사에 참여한 제보자는 아래와 같다.

〈표 1〉 제보자

| | | 제보자 수 | | 총 인원 |
|---|---|---|---|---|
| | | 남 | 여 | |
| 신방언 화자 | 청소년층 | 10 | 7 | 38 |
| | 청년층 | 11 | 10 | |
| 전형적 방언 화자 | 노년층 | 10 | 10 | 20 |

대구지역에서 나타나는 '오→우' 고모음화 현상을 '신방언'으로 간주할 수 있다는 점을 고려하여, 본 연구에서는 세대 변인을 신방언 사용 경향이 높은 젊은 세대(10대 청소년층, 20대 청년층)[1]와 전형적인 방언형을 사용하는 노년층(60대 이상)으로 구분하였다. '오→우' 고모음화의 사용 양상에 있어 청년층과 노년층 간의 세대 차이가 두드러질 것으로 예상됨에 따라, 중장년층은 세대별 변이 분석 대상에서 제외하였다.

Allen(1973:26~28)은 방언 조사의 면담에서 가장 유용한 음운론적 및 문법적 정보가 무엇보다도 제보자와의 무의식적인 자유로운 대화를 통해서 수집될 수 있어야 한다고 강조한 바 있다. '신방언'으로서 실현되는 대구지역의 '오→우' 고모음화는 전형적인 대구지역 노년층 화자들이 사용하는 '오→우' 고모음화와 실현 환경 및 양상에서 차이를 보일 것으로 예측된다. 구체적으로 어떤 환경에서 실현되는지, 어떤 양상으로 나타나는지 알기 위해서는 관찰자의 모순이 최대한 배제된 환경이어야 한다고 생각한다. 따라서 본 연구에서는 조사자가 제보자의 발화 형태나 특정 어휘의 사용을 의도적으로 유도하는 등의 직접적인 개입을 최대한 배제한 채 조사를 진행하였다.

제보자들이 자연스럽게 발화한 자료를 수집하는 것과 더불어, 이들의 언어 인식을 파악하고자 설문 조사와 심층 면담을 함께 진행하였다. 언어 인식 조사는 첫째, 대구지역의 '오→우' 고모음화를 '신방언'으로 인식하는지 확인하고, 둘째, '오→우' 고모음화 실현형과 비실현형의 어감이 어떻게 다른지 파악하는 것을 목적으로 한다. 청년층은 설문 조사만으로도 언어 인식 자료를 충분히 확보할 수 있다고 판단하여, 자연 발화 수집에 참여한

1 10대는 청소년층, 20대는 청년층으로 구분해야 하지만, 본고의 서술 과정에서는 이를 모두 합쳐 '청년층'으로 지칭하였다.

제보자를 포함한 청년층 100명을 대상으로 설문 조사를 실시하였다. 반면, 노년층은 설문 조사에 거부감을 보이거나 문해력이 낮았으므로, 노년층 20명 전원에게 개별 구두 면담을 진행하였다. 세대별로 지면(설문지)과 구두 면담이라는 형식적인 차이가 있었고, 구두 면담의 경우 조사 상황에 따라 유연하게 질문해야 했기 때문에 지면 설문 항목과 똑같은 질문을 노년층에게 적용할 수는 없었다. 하지만, 이러한 차이에도 불구하고 언어 인식을 통해 본 연구가 목표로 했던 두 가지 측면을 파악하는 데 유용하였고 유의미한 결과도 얻을 수 있었다.

## 3. 신방언과 '오→우' 고모음화

이노우에 후미오(2015)는 신방언(new dialect)을 다음의 세 가지 조건으로 정의하였다.

① (세대) 젊은 세대를 대상으로 사용자가 많아지고 있을 것
② (문체) 사용자 자신도 방언으로 취급하고 있을 것
③ (형태) 공통어로는 사용하지 않는 말투일 것

위 조건들은 각각 세대, 문체, 형태적 특징을 나타낸다. 먼저, 신방언의 주요 사용 집단은 젊은 세대여야 한다. 다음으로 신방언은 표준어와 구별되는 '방언'이므로, 화자 스스로 일상적인 상황에서 사용하는 방언임을 인지해야 한다. 마지막으로 표준어에서 인정되지 않는 '방언'의 형태를 띠고 있어야 한다. 이러한 세 가지 조건을 종합하면, 신방언은 '비표준어의 언

어 형식이면서, 일상적인 상황에서 젊은 세대가 주로 사용하는 언어'라고 정의할 수 있다.

그렇다면, 대구지역에서 나타나는 '오→우' 고모음화는 신방언으로 간주할 수 있을까? 이노우에 후미오(2015)의 정의에 따라 다음 질문들을 통해 '오→우' 고모음화의 신방언 성립 여부를 검증할 수 있다.

① (세대) '오→우' 고모음화 실현형은 젊은 세대에서 사용 빈도가 증가하는 추세를 보이는가?
② (문체) '오→우' 고모음화 사용자는 스스로 해당 형태를 방언으로 인식하는가?
③ (형태) '오→우' 고모음화는 표준어에서 사용되지 않는 형태인가?

'형태'면에서 '오→우' 고모음화는 비표준형이기 때문에 세 번째 조건은 성립된다고 볼 수 있다. 남은 문제는 세대와 문체인데, 이는 이노우에 후미오(2015)에서도 지적하였듯이 방언 사용자의 '언어 인식'(Language Attitude) 조사를 통해 파악할 수 있다. 이노우에 후미오(2015)는 세대, 문체 차이에 대해서는 사용자들에게 간단한 질문을 통해 '언어 인식'을 물어봄으로써 충분히 파악할 수 있다고 하였다. 예를 들어, 세대의 경우 '젊은 사람이 사용한다, 중년 이상은 사용하지 않는다, 아이의 말투다, 요즘 자주 들린다' 등의 방언에 대한 의식을 통해 알 수 있으며, 문체는 '친구와는 사용하지만 TV에 나온다면 혹은 작문과 같은 격식 상황에서는 말하지 않는다' 등과 같이 장면별 구분 의식을 통해 알 수 있다. 세대와 문체에 대한 언어 인식을 확인하기 위해 국어학적 지식이 없는 대구지역 청년층 100명을 대상으로 설문지를 활용하여 다음 두 가지 질문을 제시하였다.

### 설문 항목_세대와 문체에 대한 언어 인식

〈설문 1〉 "밥도 먹구 영화도 보구 쇼핑두 하구…… 다 하자 우리"라는 말투는 젊은 세대에서 많이 사용합니까? 노년층에서 많이 사용합니까? 만약, 노년층에서 사용한다면 어떨 것 같습니까?

〈설문 2〉 수업 시간에 내가 앞에서 발표를 한다면, 혹은 회사에서 기획안을 프레젠테이션 하는 상황이라면 두 가지 중 어떤 말투를 사용할 것 같습니까? 그 이유는 무엇입니까?

(2–1) ① 저희 팀에서도 그렇게 생각했습니다.
② 저희 팀에서두 그렇게 생각했습니다.

(2–2) ① 관련된 영상을 먼저 보시고 이어가겠습니다.
② 관련된 영상을 먼저 보시구 이어가겠습니다.

〈설문 1〉은 '오→우' 고모음화를 사용하는 세대를 파악하기 위한 것이며, '노년층에서 사용한다면 어떨 것 같습니까?'라는 질문은 '오→우' 고모음화에 대한 대구지역 젊은 세대의 어감 혹은 인상을 알아보기 위한 것이다. 다음은 설문 응답의 일부를 제시한 것이다.

〈표 2〉 설문1의 결과_세대에 대한 언어 인식 결과

| 인식 | 응답 결과 |
|---|---|
| 긍정적 언어 인식 | • 적응이 안 될 것 같지만 익숙해지면 괜찮을 것 같다<br>• 젊게 사시는 것 같다<br>• 이쁠 것 같다<br>• 귀여우실 것 같다<br>• 어감이 더 부드럽게 느껴져 좋을 것 같다 |

| | |
|---|---|
| 긍정적<br>언어 인식 | • 손자 손녀랑 친한 할머니 할아버지구나<br>• 특이하다고 생각하겠지만 큰 문제는 아니다<br>• 노년층이 사용한다면 이야기할 때 어렵게 느껴지지 않아 좋을 것 같다<br>• 친근할 것 같다<br>• 가깝게 느낄 수 있을 것 같다 |
| 부정적<br>언어 인식 | • 오글거릴 것 같다<br>• 놀라서 힐끔 쳐다볼 것 같다<br>• 한번도 본 적이 없어서 어색할 것 같다<br>• 어른들이 많이 쓰지 않아서인지 쓰면 어색할 것 같다<br>• 상관은 없지만 노년층이 많이 사용하지 않는 말투라 듣기에 신기하고 뭔가 모르게 이상할 것 같다<br>• 큰 거부감은 안 들지만 어색하긴 하다<br>• 이상할 것 같다<br>• 신기할 것 같다<br>• 생각해본 적 없지만 낯설 것 같다 |

설문 응답 분석을 통해 다음과 같은 두 가지 주요 사실을 확인하였다. 첫째, 대구지역 젊은 세대는 '오→우' 고모음화가 노년층에서는 사용하지 않는 언어 형태라고 인식하고 있었다. 둘째, 만약 노년층이 '오→우' 고모음화를 사용할 경우, 어색하고 이질적인 느낌을 받을 수 있으나, 동시에 부드럽고 친근한 인상으로 인해 심리적 거리를 좁힐 수 있을 것이라고 응답하였다. 이는 대구지역 청년층 화자들이 '오→우' 고모음화 자체에 대해 '부드럽고, 친근하고, 귀여운' 등의 긍정적인 어감을 지니고 있음을 의미한다.

〈설문 2〉는 문체, 즉 상황에 따른 언어 사용 양상을 파악하기 위한 질문으로, 격식 있는 비일상적인 상황에서 '오→우' 고모음화 실현형과 비실현형 중 어떤 형태를 선호하는지 조사하기 위해 설계되었다. (2－1)은 조사, (2－2)는 어미라는 실현 환경에 차이가 있음에도 불구하고, 전반적인 응답 경향은 유사하게 나타났다.

〈표 3〉 설문2의 결과_문체에 대한 언어 인식 결과

| | ①번(비실현형) | ②번(실현형) | 기타 의견 |
|---|---|---|---|
| (2–1) 조사 '–도' | 87%(87/100) | 4%(4/100) | 9%(9/100) |
| (2–2) 어미 '–고' | 81%(81/100) | 10%(10/100) | 9%(9/100) |

대부분의 응답자는 발표와 같은 공식적인 상황에서 비실현형인 ①번이 더 적절하다고 답했다. 반면 '오→우' 고모음화 실현형인 ②번을 선택한 응답자들은 '①번은 명령하는 느낌을 주며, ②번이 더 친절한 발표처럼 느껴진다'라고 이유를 밝혔다. 이는 공식적인 상황이라도 공손함이나 친절함이 요구될 때 '오→우' 고모음화 실현형이 그러한 의미를 나타내는 표지로서 기능할 수 있음을 의미한다.

한편, 9명의 응답자는 일관되게 '둘 다 상관없다'라는 의견을 제시했다. 이들은 '상황에 따라 ①, ②번 모두 사용될 수 있다', '어떤 분위기인지에 따라 달라질 것이다', '누구 앞에서 어떤 발표를 하는지에 따라 다르다', '둘 다 차이가 없다' 등의 이유를 들어 ①번과 ②번 모두 사용 가능하다고 응답했다. 이는 공식적인 상황일지라도 구체적인 발화 맥락이나 분위기에 따라 '오→우' 고모음화 실현형이 사용될 수 있음을 의미하며, 비표준형인 '오→우' 고모음화 실현형이 대구지역 젊은 화자들 사이에서 자연스러운 음운 현상으로 자리 잡았음을 보여준다.

이노우에 후미오(2003:160)는 현대 도쿄 지역어에 대한 '언어 변화의 우산 모델'을 제안하였다. 오새내(2007:189)의 지적처럼 이 모형을 한국어에 바로 적용하는 것은 어렵겠지만 신방언을 비롯하여 현대 사회에서 새롭게 발생하는 다양한 언어 변화를 설명하기 위해 참고할 수 있는 유용한 이론이라고 생각한다.

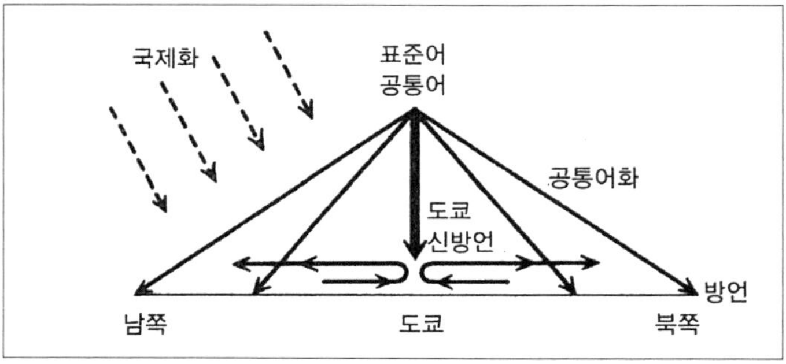


〈그림 1〉 언어 변화의 우산 모델(이노우에 후미오, 정해열 역, 2003:160)

'우산 모델'에서도 확인할 수 있듯이 '신방언'은 표준어화의 영향력이 강한 언어 환경에서 '아래로부터의 언어 변화'를 잘 보여준다. '신방언'으로서의 음운 현상이 큰 세력을 얻기 위해서는 방언들이 상호 영향을 끼치고 이러한 방언 사용이 거부감 없이 받아들여져야만 가능하다는 것이다. 이노우에 후미오(2015:311)는 구어 수준에서 도쿄의 일상어는 다른 지역 방언과 같은 상황이기 때문에 우산의 가장자리에 있고 이들은 언어 표현을 서로 평등하게 교환한다고 하였다. 이와 마찬가지로 한국어의 표준어는 우산의 정점에 위치하지만 중앙어[2]는 다른 지역어들과 함께 우산의 가장자

2 '중앙어'라는 용어는 오새내(2007:167)에서도 지적하였듯이 사전적 정의를 찾기 어렵다. 그럼에도 불구하고 연구자들은 '중앙어'를 '①표준어의 유의어, ②서울을 중심으로 하는 중부지역의 방언'으로 해석하고 사용한다. 본고에서는 '중앙어'를 서울을 중심으로 하는 일상

리에 있다고 할 수 있다.

중앙어의 대표적인 음운 현상 중 하나인 '오→우' 고모음화는 젊은 세대 사이에서 '공공연한 위신(overt prestige)'으로 긍정적인 언어 인식이 존재하기 때문에 신방언으로 성장하고 있다고 해석할 수 있다. 따라서 신방언이 형성되기 위한 선행 조건으로 다양한 방언 또는 방언 사용자 간의 접촉을 통해 방언이나 방언 사용에 대한 인식이 유연해지는 '방언 평준화(dialect leveling)' 과정이 필요할 것이다. 오새내(2007:180)에서는 사회적 행동의 동조성이 강한 젊은 연령대나 사회생활에서 원활한 의사소통을 필요로 하는 고학력 집단에서 방언 평준화가 두드러진다고 하였다. 신방언은 젊은 세대를 중심으로 나타나는데 이는 방언 평준화가 젊은 세대에서 두드러지게 나타나는 것과 관련이 있을 것이라 판단했다.

우리나라에서도 방언에 대한 국민들의 언어 의식이 달라지고 있음을 확인할 수 있다. 오새내(2015)에서는 국립국어원에서 2005년과 2010년에 실시한 『국민의 언어 의식 조사 보고서』에 나타난 방언에 대한 태도 응답을 비교하였는데, 그 결과 2005년보다는 2010년, 즉 2000년대 후반 이후 방언에 대한 한국 사회의 태도가 긍정적으로 바뀌었다. 실제로 최근 방송에서는 오히려 연예인의 방언 사용을 자막으로 내세우거나 유행어처럼 만들어 방송의 인기를 이끌어 가기도 한다. 이러한 말투는 방송의 재미를 더하는 요소로 크게 작용하고 있다. 이를 받아들이는 시청자들 또한 방언 사용에 대한 거부감을 느끼지 못할 뿐 아니라 오히려 유행어처럼 사용하기도 한다.

결국, 대중매체에서 노출되는 '지역어'들이 대중들에게 더 이상 부정적

---

어인 '중부지역어'를 지칭하는 용어로 사용하였다.

인 이미지로 부각되지 않으며, 이는 나아가 다양한 지역어들에 대한 거부감을 완화하는 데 기여했을 것이다. 대구지역 젊은 세대를 대상으로 직접 설문 조사한 결과 역시 이러한 사회적 결과를 반영하고 있었다.

**설문 항목_방언에 대한 언어 인식**

〈설문 3〉 방언이 있는 것은 좋은 일입니까?
① 방언이 있는 것은 좋은 일이다
② 방언이 있는 것은 좋지 않은 일이다
(기타 생각: )

〈설문 4〉 본인이 사용하는 방언(경상도방언)을 좋아합니까?
① 경상도 방언이 좋다 ② 경상도 방언이 싫다
(기타 생각: )

〈설문 3〉과 〈설문 4〉는 총 100명의 청년층을 대상으로 방언에 대한 인식을 조사한 것인데, 그 결과 지역 방언에 대한 긍정적인 반응이 월등히 높게 나타났다.

〈표 4〉 설문 3, 설문 4의 결과_문체에 대한 언어 인식 결과

| | ①번(긍정적) | ②번(부정적) | 기타 의견 |
|---|---|---|---|
| 〈설문 3〉 방언 자체에 대한 인식 | 95%(95/100) | 2%(2/100) | 3%(3/100) |
| 〈설문 4〉 경상도방언에 대한 인식 | 94%(94/100) | 3%(3/100) | 3%(3/100) |

대구지역 젊은 세대들은 방언 자체에 대한 인식은 물론 경상도 방언에

대한 인식까지 모두 긍정적이었다. 방언 자체에 대해 '방언이 많으면 재밌고 좋다, 표준어보다 방언이 더 인간적이다, 다양한 사투리는 그 지역의 정체성이므로 존중되어야 한다' 등의 인식을 보였고, 경상도 방언에 대해서도 '내 사투리가 편하고 좋다, 서울말보다 정감 가고 인간적이다, TV에서도 자주 나오고 경상도 사투리 좋다' 등과 같이 긍정적인 인식이 많았다. 이와 같은 방언에 대한 대중들의 긍정적 인식은 특정 지역 방언으로서 국소적으로 존재하던 하나의 음운 현상을 '신방언'으로 보급하고 확대시키는 데 큰 역할을 한다고 해석할 수 있다.

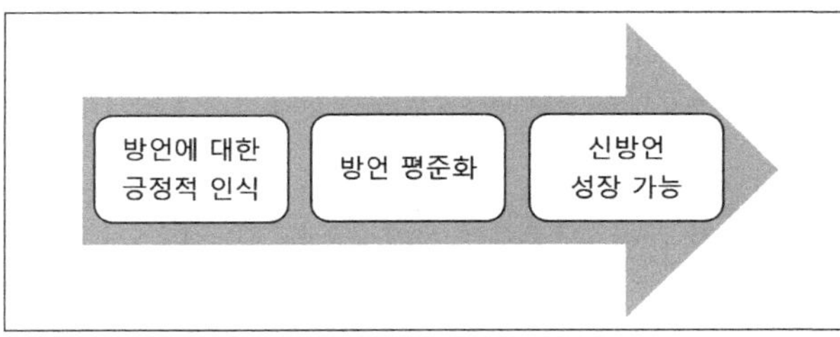


〈그림 2〉 신방언 형성 과정

〈그림 2〉는 '신방언'이 형성될 수 있는 세 단계의 과정을 나타낸 것이다. 이 과정은 Trudgill(2004)의 뉴질랜드 신방언 형성 3단계 모형과도 일치한다. 그는 '(1단계) 초기 평준화(rudimentary leveling) 및 중간방언 성장(interdialect development) 단계→(2단계) 변이성(variability)과 확정된 평준화(apparent leveling)→(3단계) 신방언 형성의 결정론(determinism in new dialect formation)'의 3단계로 설명하였는데, 신방언의 첫 단계가 바로 '방언 평준화'에서 시작되는 것임을 알 수 있다.

'신방언'은 젊은 세대 사이에서 방언에 대한 긍정적 인식이 확산되어 방언 평준화를 촉진하는 가운데 나타나는 언어 변화로 정의할 수 있다. 구어적 표현이 활발하게 사용되는 대중매체는 방언에 대한 긍정적 인식을 확산시키는 주요 요인이며, 현대 사회의 다양한 매스 미디어(mass media)는 주로 젊은 세대가 적극적으로 소비하므로, '신방언'을 확산시키는 주된 주체는 젊은 세대라고 할 수 있다.

## 4. 대구지역 '오→우' 고모음화의 실현 양상

앞 장에서는 대구지역에서 나타나는 '오→우' 고모음화 현상을 '신방언'으로 정의할 수 있는 이론적 근거들을 제시하였다. 본 장에서는 첫째, '신방언'으로서의 '오→우' 고모음화가 전형적인 대구 지역어 화자인 노년층의 해당 음운 현상과 어떠한 차이를 보이는지, 둘째, 해당 음운 변화의 발원지인 중부 방언의 '오→우' 고모음화와는 어떠한 변별성을 갖는지를 분석하고자 한다. 이를 위해 '오→우' 고모음화의 세대별 실현 양상을 어휘 형태소와 문법 형태소의 범주로 나누어 구체적으로 살펴볼 것이다.

### 4.1. 어휘 형태소에서 나타나는 '오→우' 고모음화

먼저, 어휘 형태소 내부에서 나타나는 '오→우' 고모음화의 실현 양상을 세대별로 살펴보자.

(1) **『한국구비문학대계』**: 웃을 잘 입혀가지고(131) ~ 옷도 잘 입고(278) / 이 눔의 전에 걸으마(38), 이 눔이 무식이 마 판무식이고(131) ~ 유식한 놈(132), 이 놈의 하마나 한잔 줄란가(38), 참 이 저

도둑놈이 이래 같이(395) / 이쭈우, 이쭉에(254), 그래 참 이쭉에서 손을 들고(376), 인자 이쭉 방면을 볼 것 겉으면(390), 막 저쭉에서 마아 아무래도 안 되겠거던(376), 저쭉에는 물로 옇어가지고(377), 마 발을 한 쭉 발로 헛디딘뿐는기라(173), 처녀 아랫두리 이기 여어 이래 꼿아가지고(336), 참 그 처녀 아랫두리는 많이 다쳤지(337)

(2) **노년층**: 웃을 해입었지, 쪼매 떨어지마 또 웃 해달라 카고 또 쪼매 떨어지마 또 웃 해도 이카고 ~ 요새는 옷을 사지, 시어마시 옷 시아바이 옷 할바이 옷 시도 때도 없이 했지 / 일본눔이라고도 안캐 왜눔이라 카지, 일본눔들은 안 대, 도둑눔이 들어가 홀랑 갖고 가뿌렀다 이기라 ~ 왜놈들, 도둑놈이 어디 칼 들어야 도둑놈이가, 그놈이 도둑놈이지, 이놈 저놈 다 똑같애, 저놈우 자석이 더럽게 안 들어 / 부주 했지, 열 살 많은 내가 부주도 하는데, 부주는 고마 하지 마시소 이캐주마, 부주 받는 게 심들지 ~ 부조를 한다 이기라, 그래도 부조를 하는 기 인지상정이지

**cf.** 그라고 사람이 말이야, 그래도 그라믄 안 돼지, 그라고 끝나고 나마 여 좀 오시소, 그라고 일 끝나마 여 오고 이라지, 인가이 틀렸어 빌로라, 벨로다카이

(3) **청년층**: 그리구 말 하기도 좀 미안했구, 그리구 솔직히 좀 서운했어요, 그리구요 영어마을도 가요 ~ 그리고 꼭 그캐야 되나? / 하두 난리를 치니까 안 해줄 수도 없구 ~ 하도 유새를 하니까, 하도 캐싸니까 지겹다 / 그건 좀 별루, 별루 할 일두 없구요, 생각보단 별루 ~ 진짜 가는 별로예요, 별로 하는 것도 없는데?

(1)은 1980년대 대구지역 거주 60세 이상 노년층의 구술 자료를 모은 『한국구비문학대계』에서 발췌한 용례이다. (2)~(3)은 직접 조사한 자료로 (2)는 대구지역에 거주하는 60세 이상 화자의 발화이며, (3)은 10대~20대 청년층의 발화이다. 1980년대와 현재를 비교했을 때, '오→우' 고모음화는 극히 일부 어휘 형태소에서만 실현된다는 공통점을 보인다. 그러나 젊은 세대에서는 비어두 부사에서 주로 나타나는 반면, 노년층에서는 어두 및 비어두 명사에서 실현되는 특징이 있다. 특히 젊은 세대에서 빈번하게 관찰되었던 부사 '그리고'와 '별로'는 노년층 발화에서는 비실현형으로만 나타났다. 이는 어휘 형태소에서 생산적으로 실현되는 중앙어의 '오→우' 고모음화 양상과는 뚜렷한 차이를 보이는 지점이다. 중앙어에서 실현되는 '오→우' 고모음화의 실현 양상은 이미 많은 연구들에 의해 밝혀졌다. 강희숙(2005:22~25)에서도 중앙어에서는 '오→우' 고모음화가 어두•비어두의 어휘형태소, 문법형태소, 고유어, 한자어에서 두루 실현된다고 하였다. 김아름(2008:41)에서도 서울말에서 '오'가 '우'로 실현되는 것은 매우 적극적으로 나타나는데, 장음을 수반하지 않는 '오'가 '우'로 바뀌는 것은 남한 전역에서 발생한 현상이기는 하나, 중부지역에서 가장 활발한 실현을 보인다고 한 바 있다.

〈표 5〉 '오→우' 고모음화의 어휘 형태소별 실현 양상

| 1980년대 | 2016년 | |
|---|---|---|
| 『한국구비문학대계』 | 노년층 | 청년층 |
| (어두, 비어두 명사)<br>옷, 놈, 쪽, 아랫도리 | (어두, 비어두 명사)<br>옷, 놈, 부조 | (비어두 부사)<br>그리고, 하도, 별로 |

하지만 중앙어와는 달리 대구지역의 세대별 '오→우' 고모음화 실현 양상을 분석한 결과, 어휘 형태소에서의 실현 어휘 수는 양적으로 극히 제한적이라는 공통점을 보였다. 또 〈표 5〉와 같이 각 세대별로 '오→우' 고모음화가 적용된 어휘 목록에는 서로 차이가 있었다.

### 4.2. 문법 형태소에서 나타나는 '오→우' 고모음화

이 장에서는 문법 형태소에서 나타나는 '오→우' 고모음화의 세대별 실현 양상을 살펴보았다. 우선, 『한국구비문학대계』 자료와 현재 노년층 화자의 발화에서 나타나는 실현 양상을 비교 분석해 보자.

(4) **『한국구비문학대계』**: 사람도(296), 큰아들하고 작은아들하고(30), 그울로(그위로)(250), 있어가주고(30), 염려하지 말고(149), 말을 높이고(149), 기양 두고(179), 기분이 나빠지고(30), 딜이가지고(296)

(5) **노년층_조사**

ㄱ. (으)로: 내일로 하지 거로 간다꼬, 손주 보러 서울로 가지, 어데로 간다카노, 그짜로 가보이소, 시이한테로 가가, 어무이한테로 띠가가, 시어마시 집으로

ㄴ. 하고: 가하고 같이, 얼라하고 다 모디라 카소, 콩 시대하고 다 챙기소이, 꼬채이들 줄줄이하고, 시이들 줄줄이하고

ㄷ. 도: 술도 맨날 묵고, 공부도 잘 해, 나도 모린다, 날도 몰랐다카이, 난도 쫌 도 보자, 난도 쫌 도고

ㄹ. 라도: 공부라도 해야 묵고 산다꼬, 암만 어른이라도, 뭐시라도 하라꼬, 이거라도 묵자 묵어, 그거라도 고마 떤지뿌소

(6) **노년층_어미(1)**

ㄱ. −려고: 가마이 안 나뚤라꼬, 조지뿔라고 그랬지만 서도, 없애뿔라고 단디 맘 묹는데

ㄴ. −아도/어도: 암만 아라도 그러이 미버, 잡사도 안 돼

ㄷ. −고: 묵고 나서 거 두고 가, 업고 들고 이고 그래가 댕깄지, 이거 묵고 요거 가주가고

(7) **노년층_어미(2)**

ㄱ. −려고: 주 낼라꼬, 건지낼라꼬 안카나, 주 떤지뿔라꼬

ㄴ. −아도/어도: 아따 마 드시도 됩니다, 자시도 된다 안 캅니까, 고마 심이 쫌 가도, 애는 쫌 가도

ㄷ. −고: 오야 그래 고생하고, 신경 쫌 쓰고, 미안시럽고

(8) **노년층_보조용언**

ㄱ. 빌로였나보지예, 안 잡샀나보지예, 드싰나보지예

ㄴ. 인자 고마 뎰꼬 가시소, 뎰꼬 오마 되지, 갖고 가소 고마, 갖고 오라캐보소 ~ 요거 가주 가라이, 가주가라카이소, 이거 묵고 요거 가주가고

(4)는 『한국구비문학대계』에서 발췌한 용례인데 1980년대 노년층에서는 문법 형태소에서 '오→우' 고모음화 실현형이 나타나지 않았음을 확인

할 수 있다. (5)~(8)은 모두 현대 대구지역 노년층 화자들의 발화이며, (5)는 조사, (6)~(7)은 어미 환경으로 모두 문법 형태소에 해당한다. 『한국구비문학대계』와 마찬가지로 이들 환경에서도 '오→우' 고모음화 실현형은 관찰되지 않았다. (8)은 보조용언 어간 '보-'와 동사 합성어 환경인 '가주-, 델꼬-'인데, 노년층에서는 '가주-'에서만 '오→우' 고모음화가 실현되었다. '가주 가'는 '가지고 가'의 축약형으로 '*가조 가'의 형태로는 나타나지 않는다는 것이 특징적이다.

그렇다면, 대구지역 청년층의 '오→우' 고모음화 실현 양상은 어떠한지 살펴보자.

(9) **청년층_조사**

ㄱ. (으)로: 어디루 가는데요?,폰으루 찾아도 돼요?, 거기라두 가보면 안 돼요? ~ 이걸로 어떻게 해요?, 뒤로 하셔두 돼요, 인터넷으로 찾으면 더 빠를 걸요

ㄴ. 하고: 언니야들하구 오빠야들하구, 동생하구 같이, 언니하구 애기하구 괜찮으면 ~ 야하고 같이, 니하고 내하고, 야들하고 우리하고는 달라요

ㄷ. 도: 이것두 해요?, 비두 살짝 내리네요, 이것두 좋은데, 이것두 같이 내요?, 그건 저두 알구요, 나두 골탕먹이려구, 햄두 잔뜩, 그것두 괜찮구, 저희두 해요?, 저두요, 저두 확인해주세요, 여기두 안 되겠네, 하나두 안 괜찮아, 과자두 좀 먹어요, 쌤두 이거 좀 먹어요, 비빔밥에두 계란 두 개, 회사두 이 근처야?, 회사에서두 가깝고, 집에서두 가기 좋구 ~ 나우시카도 나오구요, 응. 까시도 있고, 라면도 먹고 다 먹자, 너도 찡찡대지마,

이거도 다 해요?, 귤도 더 먹을래요, 옮을 수도 있는거구, 의사도 틀릴 수 있지

ㄹ. 라도: 학교라두 열심히 다녀라, 혹시라두 ~ 혹시라도

(9)는 조사 환경에서 '오→우' 고모음화가 실현된 예시이다. (9.ㄱ)~(9.ㄴ)의 격조사 '(으)로', '하고', (9.ㄷ)~(9.ㄹ)의 보조사 '도', '라도' 등에서 볼 수 있듯이, 어휘 형태소와는 달리 다양한 종류의 조사에서 실현형이 나타나는 것을 확인할 수 있다.

(10) **청년층_연결어미**

ㄱ. -려고: 나두 골탕먹이려구 그랬는데

ㄴ. -아도/어도: 먹어두 돼요?, 한번쯤 먹어두 돼, 뒤로 하셔두 돼요, 쫌 해두 괜찮다,지금 해두 괜찮아요?, 공부해두 안 돼요

ㄷ. -고: 뭐하구 있는 거야?, 그러구보니, 나한텐 싫다구 하더니, 잘 보살피구 있을 거다, 고쳐주구 그랬는데 내가 시끄럽다구 해서, 잘 먹구 좋았는데, 잠깐 쇼핑 좀 하구 들어갈까요?, 메일에 다 보내구요?, 얼른 해가지구 끝낼게요, 마치구 연락할게요, 거기 가서두 잘 하구, 너무 이쁘구 그런데, 그래가지구, 계란 두 개 넣어주구, 다 끝내구 만나요, 어떻게 알구 왔어?, 꽃두 피구 따뜻하구 좋은데, ~ 다운 다 받고 지울까요?, 스스로 몸을 떤지고 희생하는 장면입니다, 그면 각자 해결하고 다시 봐요, 각자 책 읽고 만나서 다시 이야기 해요, 그래 책은 각자 다 읽고 보는 게 좋을 것 같아요, 니 그래가지고 우얄래

(11) **청년층_종결어미**

ㄱ. －려고: 기분 풀어주려구, 내가 꺼내주려구,

ㄴ. －아도/어도: 기침이 나와두?

ㄷ. －고: 잘 끝내구, 그래 좋다구, 그만 좀 설치라고!, 난 싫다구, 기분 나빴다구, 안된데두, 괜히 나 때문에 고생하구, 배가 보인다구?, 다 보인다구, 늦잠이라구?, 뭐한다구?, 시간이 한참 지났다구, 벌써 간다구?, 말 하기도 좀 미안했구, 안 해줄 수도 없구, 그것두 괜찮구, 연락처 다 주시구, 햄두 잔뜩 넣구, 집에서두 가기 좋구, 어떻게 아시구, 도저히 못 자겠다구, 시끄러워 시끄럽다구! ~ 아 됐고!

ㅁ. －고요: 그건 저두 알구요, 뭔가 좀 그렇더라구요, 이해하기도 어렵구요, 나우시카도 나오구요, 그건 저두 알구요, 좀 그렇더라구요

(10)~(11)은 어미 환경에서 '오→우' 고모음화가 실현되는 예시들이다. '－려고, －아도/어도, －고'는 연결어미와 종결어미 모두에서 '오→우' 고모음화가 실현되는 것을 확인할 수 있다. 어휘 형태소에서 비생산적이었던 것에 비해 조사나 어미와 같은 문법 형태소에는 매우 생산적으로 '오→우' 고모음화가 실현되고 있었다. 특히 (11.ㅁ)의 '－고요'는 자연 발화의 환경에서는 거의 100% '오→우' 고모음화 실현형으로만 나타났다. 이는 존대의 상황에서 '오→우' 고모음화 실현형이 좀 더 공손한 어감이나 인상을 주는 효과가 있는 것으로 설명할 수 있다.

한편, 대구지역 젊은 세대에서는 동사의 합성형에서도 '오→우' 고모음화가 실현되는 것을 확인할 수 있었다.

(12) **청년층_동사의 합성형**

ㄱ. 보조용언어간 '-보-': 별루였나부죠?, 먹었나부죠 뭐, 벌써 비올 준비 하나부다, 변하는 중인가부다, 하나부네 ~ 별로였나보지 뭐, 다 먹었나보네요, 벌써 하나보네, 잘 하나보다

ㄴ. 동사 합성어 형식: 이거 가주가라(이거 가지고 가라), 가주가라캐라(가지고 가라고 해라), 쫌 가주가자고(좀 가지고 가자고), 델꾸 갈랬는데(데리고 가려고 했는데요), 쫌 델꾸 가바(좀 데리고 가봐), 이거 쫌 갖구 가, 갖구 와래이 ~ 일로 델꼬 와, 델꼬 와바라, 델꼬 오세요 쫌, 갖고 온나 제발, 갖고 오세요

(12.ㄱ)은 보조용언 '보다'의 어간 '-보'가 어미들과 활용하면서 '-부'형으로 실현되었다. (12.ㄴ)은 '가지고 가-, 데리고 가-'에 해당하는 형식이 음절 축약되면서 '가주 가, 델꾸 가'로 실현되었다. '데리고 가-'의 축약형은 '델꾸 가 ~ 델꼬 가'와 같이 고모음화 실현형과 비실현형이 공존하는 데 비해 '가지고 가-'의 축약형은 고모음화 비실현형인 '*가조 가-'는 실현되지 않는다는 차이점이 있다. 이러한 차이는 음절이 축약되는 방식에 따라 다르게 나타나는 것으로 예상할 수 있다. '가지고 가-'는 '가주 가'로 축약되기도 하지만 '갖고 가'로 축약되기도 하는데 '갖고 가'는 실현형과 비실현형이 모두 나타난다.

그렇다면, 젊은 세대에서 '오→우' 고모음화가 신방언으로 확산될 수 있었던 이유는 무엇일까? 김규남(2000)에서는 문법형태소 '-고, -로, -도'의 '오'가 '우'로 고모음화되는 것이 젊은 여성들에 의해 전주 언어공동체에 확산되고 있는데 이 확산의 요인을 전주지역 여성 화자들이 중부지역 여성 화자들의 말투에 호의적인 평가를 내리고 있는 언어 태도와 관련

지어 논의하였다. 이는 대구지역에서도 마찬가지일 것으로 예상되는데 이를 확인하기 위해 '오→우' 고모음화에 대한 언어 인식 조사를 진행하였다.

**설문 항목_'오→우' 고모음화에 대한 언어 인식**

〈설문 4〉 라디오 DJ가 화창한 봄날 버스커버스커의 벚꽃엔딩을 틀어주면서 아래와 같이 말한다면 ①번과 ②번 중 무엇이 더 자연스럽습니까? 두 멘트에 어감 차이가 있습니까?

① 너무 좋죠. 이 노래 한번 들어보자고요.
② 너무 좋죠. 이 노래 한번 들어보자구요.
(생각을 자유롭게 적어주세요: )

(4-1) ①번 멘트는 남성 DJ와 여성 DJ 중 누가 더 자연스럽습니까?
① 남성 ② 여성 ③ 남성 여성 둘 다 자연스럽다.

(4-2) ②번 멘트는 남성 DJ와 여성 DJ 중 누가 더 자연스럽습니까?
① 남성 ② 여성 ③ 남성 여성 둘 다 자연스럽다.

〈설문 4〉는 '오→우' 고모음화의 어감에 대한 질문이다. 라디오는 청각적인 요소만으로 구성된 매체이고 청취자들과 가까운 느낌을 주기 때문에 공손하고 친절한 말투일 가능성이 높다. 그렇다면 이러한 상황에서 '오→우' 고모음화 실현형은 어떻게 받아들여질까?

〈표 6〉 설문 4의 결과

| | ①번(비실현형) | ②번(실현형) | 기타 의견 | 무응답 |
|---|---|---|---|---|
| 〈설문 4〉 | 9%(9/100) | 71%(71/100) | 18%(18/100) | 2%(2/100) |

대부분은 '오→우' 고모음화 실현형이 자연스럽다고 응답하였으며 18%의 기타 의견은 실현형이나 비실현형 모두 자연스럽다고 응답했다. '오→우' 고모음화 실현형이 자연스럽다고 응답한 71%의 이유를 살펴보면 아래와 같다.

〈표 7〉 '오→우' 고모음화 실현 여부에 대한 인식

| 실현 유무 | 응답 결과 |
|---|---|
| ①번<br>'오→우' 고모음화<br>비실현형 | • 센 느낌<br>• 딱딱하다<br>• 무례하게 느껴진다<br>• 멘트가 old하다<br>• 묘하게 어색하다<br>• 들으라고 강요하는 거 같은 느낌 |
| ②번<br>'오→우' 고모음화<br>실현형 | • 친근하고 상냥하다, 부드럽다<br>• 친근하고 더 집중된다<br>• 부드럽고 친근한 느낌이고 발음하기도 더 편하다<br>• ①번보다 듣기 좋다<br>• 부드럽고 다정다감하다<br>• 애교있는 말투다<br>• 친근하고 상냥하다, 부드럽다 • 친근하고 더 집중된다<br>• 부드럽고 친근한 느낌이고 발음하기도 더 편하다<br>• ①번보다 듣기 좋다<br>• 부드럽고 다정다감하다<br>• 애교있는 말투다<br>• 들으면 기분 좋다<br>• 자연스럽고 딱딱하지 않은 느낌<br>• 귀여운 척 하는 거 같지만 듣기는 좋다 |

응답을 통해 대구지역 젊은 세대들은 '오→우' 고모음화 비실현형인 ①은 실현형인 ②에 비해서 '세고, 딱딱하고, 강요하는 느낌'이라고 인식한 반면, ②는 그에 비해 '상냥하고, 친근하고, 부드럽고, 자연스럽고, 듣기 좋은 말투'라고 인식하고 있음을 알 수 있다. '오→우' 고모음화 실현형에 대한 젊은 세대의 인식이 긍정적이고 그렇기 때문에 신방언으로서 확산이 가능하다고 볼 수 있다.

신방언으로서의 '오→우' 고모음화는 대구지역의 젊은 여성 화자들에게서 조금 더 높은 빈도로 실현되기는 하지만 성별과 관계없이 확산되고 있다. 홍미주(2013)에서는 여성 정체성 표지, 공손 표지로 사용된다고 하였다. 본 연구를 통해 '오→우' 고모음화가 공손 표지로 사용되는 것은 다시 한번 확인되었다. 하지만, '오→우' 고모음화가 '여성' 정체성 표지로만 사용된다고는 할 수 없을 것이다. 그 이유는 〈설문 4〉의 (4－1)~(4－2)를 통해 살펴볼 수 있다.

〈표 8〉 설문 4-1, 4-2의 결과

| | ① 남성 | ② 여성 | ③ 둘 다 |
|---|---|---|---|
| 설문(4-1) | 79%(79/100) | 11%(11/100) | 10%(10/100) |
| 설문(4-2) | 0%(0/100) | 36%(36/100) | 64%(64/100) |

'오→우' 고모음화 비실현형은 79%가 남성이 더 자연스럽다고 응답하였는데, 이는 〈설문 4〉에서 살펴보았듯이 표준어형인 비실현형에 대한 '세고 딱딱하고 강요하는 듯한 느낌'의 어감 때문에 여성보다는 남성이 더 자연스럽다고 인식한 것으로 보인다. '오→우' 고모음화 실현형은 남성이 자연스럽다는 응답은 없었으며, 여성이 자연스럽다는 응답은 36%, 나머지

64%는 성별에 관계없이 자연스럽다고 하였다.

위의 결과를 통해 대구지역 젊은 화자들은 '오→우' 고모음화 실현형은 주로 여성이 사용하는 음운 현상이지만, 남성이 사용해도 어색하지 않고 자연스럽게 인식하고 있는 것으로 볼 수 있다. 실제로 대구지역 젊은 화자들의 '오→우' 고모음화 실현형 사용 빈도는 여성에게서 조금 더 높게 나타나기는 하지만 그 차이가 심하지 않고 자연 발화에서는 젊은 남성에서도 자주 발견된다. 이미 신방언으로서 성장하여 그 세력이 확대된 '오→우' 고모음화가 성별을 뛰어넘어 젊은 세대 전체에서 자연스럽게 실현되는 양상을 보인다.

## 5. 결론

현대 사회는 다양한 매스 미디어의 발달로 지역 경계가 허물어지고 지역 간 소통이 자유로워졌다. 또한 젊은 세대에서는 이미 표준어에 대한 교육도 이루어지고 있기 때문에 이들은 시간이 지나더라도 한 방언을 대표하는 전형적인 방언 화자라고 보기에는 어려운 지점이 있다. 전통적인 방언학에서는 농촌 노년층 토박이 화자들을 중심으로 연구가 되고 있으나 도시화로 인해 농촌보다는 도시에 인구가 집중되어 있어 더 이상 이들만을 대상으로 하기에는 어려움이 존재한다.

사회 변화로 인해 방언 역시 많은 변화를 겪고 있다. 토박이 화자 감소는 전통 방언형에 대한 심층적인 연구의 필요성과 동시에 새로운 방언형에 대한 연구의 중요성을 제기한다. 이러한 측면에서 '신방언'은 동일 지역 내 화자 집단 간의 세대별 언어 차이를 분석하는 데 유용한 접근 방식을 제공한다. 본 연구는 대중매체의 영향으로 젊은 세대 사이에서 방언에 대한 긍정적 인식이 확산되고, 이는 '우산 모델'의 주변부에 위치한 방언들의 평준화를 촉진하여, 전통적인 토박이 화자의 방언형과는 구별되는 '신방언'의 출현을 야기한다는 점에 주목하였다. 특히, 대구지역을 중심으로 성장하고 있는 '오→우' 고모음화 현상을 중점적으로 분석하였다.

이노우에 후미오(2015)의 신방언 판단 기준을 적용한 결과, 대구지역에서 새롭게 나타나는 '오→우' 고모음화는 비표준형임에도 불구하고 일상적인 상황에서 젊은 세대를 중심으로 확산되는 '신방언'의 특징을 보이는 것으로 확인되었다. '오→우' 고모음화는 그 개신지가 서울을 중심으로 한 중부지역이었으며, 중앙어에서는 어휘 및 문법 형태소 전반에 걸쳐 생산적으로 실현되는 경향을 보인다. 그러나 대구지역 젊은 세대의 '오→우' 고모음화는 어휘 형태소에서는 제한적으로 나타나고, 문법 형태소를 중심으로 활발하게 실현되는 특징을 보였다. 이는 비표준형이지만 '오→우' 고모음화에 대한 긍정적인 언어 인식과 잠재된 사회적 위신이 대구지역 젊은 화자들 사이에서 신방언으로서의 성장과 확산을 견인하는 요인으로 작용한 결과로 해석할 수 있다.

## 참고자료

강희숙(1999), 「'오>우' 변화의 수행과 확산」, 『국어학』 33, 국어학회, 99-123쪽.

강희숙(2005), 「고모음화의 실현과 방언 분화 - 전남방언과 서울말을 중심으로」, 『우리말글』 33, 우리말글학회, 1-32쪽.

국립국어원(2005), 『2005 국민의 언어의식 조사』, 국립국어원.

국립국어원(2010), 『2010년 국민의 언어 의식 조사』, 국립국어원

김규남(2000), 「변항 (-Xo)의 개신에 대한 전주시 화자들의 언어태도와 비제도적 규범」, 『한국언어문학회』 44, 한국언어문학회, 543-566쪽.

김아름(2008), 「국어 고모음화 현상 연구」, 아주대학교 석사학위논문.

배영환(2009), 「청주지역어에서의 고모음화와 중모음화」, 『방언학』 10, 한국방언학회, 119-148쪽.

배혜진(2014), 「달성지역어의 음운론적 변이와 변화 연구」, 영남대학교 박사학위논문.

오새내(2007), 「수도권 지역어 연구에서 신방언 개념 도입의 필요성」, 『한국어학』 36, 한국어학회, 165-193쪽.

오새내(2015), 「방송 매체와 방언-한국 방송 매체의 방언 사용에 대한 언어 태도를 중심으로」, 『방언학』 22, 61-82쪽.

이노우에 후미오, 정해열 번역(2003), 「일본어의 시장가치」, 계명대학교 국제학대학원 일본어통번역학 석사학위 논문(번역).

이노우에 후미오, 강인선 옮김(2005), 『일본어 관찰하기』, 박이정.

이노우에 후미오, 김덕호·김순임·양민호·안미애 옮김(2015), 『경제언어학』, 역락.

이옥희(2015), 「서울지역어와 경상도 방언의 공시적 변이 관계 - 19세기에서 20세기 초 문헌을 중심으로」, 『방언학』 22, 한국방언학회, 457-487쪽.

전혜숙(2008), 『강원도 동해안 방언의 사회언어학적 연구』, 한국학술정보.

한국정신문화연구원(2002), 『한국구비문학대계7-14: 경상북도 달성군편』, 한국정신문화연구원

홍미주(2013), 「변항 (오)의 변이형 실현 양상과 언어 태도에 대한 연구」, 『한국방언학』 18, 한국방언학회, 325-367쪽.

井上史雄(2000), 『日本語の値段』, 大修館書店.

Allen, H. B.(1973), The Linguistic Atlas of the Upper Midwest, University of Minnesota Press.

Labov, W.(1972), Sociolinguistic Patterns, Philadelphia: The University of Pennsylvania Press.

Trudgill, Peter.(2004), New-Dialect Formation: The Inevitability of Colonial Englishes.

Wardhaugh, R.(1986), An Introduction to Sociolinguistics, Blackwell.

# 2장

## '오→우' 고모음화의 공손성과 공손 전략

이 장에서는 대구지역 신방언 화자들의 자연 발화 자료를 바탕으로, 역사적으로 제한적이었던 '오→우' 고모음화가 현대 대구 지역어에서 신방언 현상으로 나타나게 된 배경을 공손성 및 공손 전략이라는 화용론적 관점에서 해석하였다.

# ‘오→우’ 고모음화의 공손성과 공손 전략

## 1. 서론

‘오→우’ 고모음화는 혀의 전후 위치 변화 없이 혀의 높이만 조정이 일어나는 모음 상승(vowel rising) 현상으로 동일 계열 사이의 변화로 볼 수 있다. 대구지역에서 ‘오→우’ 고모음화는 과거부터 생산성이 높은 음운 현상은 아니었다. 17세기 달성 지역어를 알 수 있는 『현풍곽씨언간』에서도 ‘권슉, 뎍휘, 연구, 군’과 같은 일부 한자어 어휘에서만 나타날 뿐이었다. 백두현(1992:141)에서도 ‘오 > 우’의 적용이 영남방언에서 수의적 성격을 갖고 있지만 그 적용력이 중부방언에 비하면 약하였던 것이라고 해석한 바 있다.

강희숙(1999)에서는 어휘 형태소에서 수행되었던 ‘오 > 우’ 변화는 체언이나 용언에서부터 시작되어 부사어 어휘로 확산되고, 점진적으로 현대국어 단계에까지 지속되고 있다고 하였다. 나아가 문법 형태소에 나타나는 ‘오 > 우’ 변화의 개신형과 보수형의 공존은 이러한 변화가 사회언어학적 공간 속에서 부단한 변이 현상으로 존재하였음을 보여주는 것이라고 하였다.

공시적으로 살펴보면, '오→우' 고모음화는 대구지역을 포함한 남부지역보다는 서울지역에서 활발하게 실현되는 음운 현상이다. 강희숙(2005)에서는 중앙어와 전남방언의 '오→우' 고모음화를 비교하였는데, 중앙어에서는 어두와 비어두의 어휘 형태소, 문법 형태소, 고유어, 한자어에서 두루 실현되는 반면, 전남방언에서는 비어두의 일부 어휘 형태소에서만 한정적으로 나타난다고 하였다. 김아름(2008)에서는 장음을 수반하지 않는 '오'가 '우'로 고모음화되는 것은 남한 전역에서 발생하는 현상이지만 특히 중부지역에서 가장 활발하게 실현된다고 하였다. 김규남(2000)에서는 전주지역의 젊은 여성에 의해 문법 형태소 '－고, －로, －도'에서 '오→우' 고모음화가 실현되고 있으며, 이를 전주지역 여성 화자들이 중부지역 여성 화자들의 말투에 호의적 평가를 내리는 언어 태도에 의한 것이라고 하였다.

현재 대구지역의 젊은 세대에서는 어휘 형태소, 문법 형태소, 동사의 합성형에서도 '오→우' 고모음화가 매우 활발하게 나타나고 있다. 이는 배혜진(2016)에서 설명한 바와 같이 동일 지역의 이전 세대에서는 나타나지 않던 방언형이므로 '오→우' 고모음화를 대구 지역어의 '신방언'으로 볼 수 있다. 홍미주(2011)에서도 대구지역 청년층으로 갈수록 여성이 '우'로 실현하는 비율이 높고, 중년층 고졸 여성이 '오→우' 고모음화의 변화를 이끄는 개신자라고 하였다. 나아가 홍미주(2013)에서는 '오' 변이형 실현 양상과 언어 태도를 살펴보았는데, 그 결과 매체를 통해 접한 서울 말씨 '우'에 대한 긍정적 태도로 '우'를 공손 표지로 사용한다고 하였다. 배혜진(2016)에서도 '오→우' 고모음화에 대한 긍정적인 언어 인식(친절함, 상냥함, 부드러움, 공손함)으로 인해 대구지역의 젊은 화자들을 중심으로 '신방언'으로 성장, 확산하고 있음을 확인하였다.

'오→우' 고모음화의 변이에 대한 앞선 연구들은 성별과 연령이라는 사회적 요인에 따라 실현 양상이 다르며, 그 이유는 '오→우' 고모음화형이 갖는 '공손성, 친절함'이라는 긍정적 이미지 때문이라는 것을 밝히고 있다. 본고에서는 앞선 연구들이 공통적으로 밝힌 '오→우' 고모음화가 갖는 긍정적 이미지인 '공손성'에 의해 실제 대화에서 공손 전략으로 사용되고 있는지를 밝히는 것을 목적으로 한다. 대구지역의 '오→우' 고모음화는 '신방언'으로 진행 중인 언어 변화로 볼 수 있는데, 신방언 화자들의 자연 발화를 분석하여 '오→우' 고모음화가 대화에서 공손 전략으로 사용되고 있는지 살펴볼 것이다.

## 2. 연구방법

본고는 대구지역 신방언 화자들의 자연 발화에서 나타나는 구체적인 예시를 통해 '오→우' 고모음화가 대화에서 공손 전략으로 활용되고 있음을 살펴보는 데 목적이 있다. 이를 위해 대구지역의 신방언 화자들을 중심으로 자연 발화 자료를 집중적으로 수집하고 분석하였다. Wallace Chafe(1994:17~21)은 언어 데이터로 수집 가능한 영역을 4개로 체계화하였다. 관찰은 '조작될 수 있고, 자연스러울 수 있고, 공적일 수 있고, 사적일 수 있다'는 것을 바탕으로네 가지를 조합하여 ①자연스럽고 사적인 관찰, ②자연스럽고 공적인 관찰, ③공적이고 조작적인 관찰, ④사적이고 조작적인 관찰로 보았다. 이들 중 '②자연스럽고 공적인 관찰'은 참여관찰과 담화분석을 포함하며, '③공적이고 조작적인 관찰'은 사회언어학에서 활용하는 실험 및 이끌어내기, 일반화된 면담을 포함한다고 하였다. 본 연구를 위해 수집한 자연 발화는 Wallace Chafe(1994:17~21)의 '②자연스럽고 공적인 관찰'이 되도록 하는 것을 목표로 하였다.

박경래(2007:77~79)에서는 '자연발화'와 '구술발화'의 개념을 재정립할 필요가 있음을 강조하면서, 라보브의 '격식적인 말투'와 '일상적인 말투' 개념을 원용하여 아래와 같이 개념을 구분하였다.

ㄱ. **자연발화**: 인위적으로 조성된 면담 상황 이외의 비격식 상황에서 조사자를 의식하지 않고 소리를 내어 말하는 언어 행위 또는 그러한 언어 행위에 의해 산출된 일정한 음의 연쇄체. '제3자와의 대화'나 '제3자들끼리의 대화' 등이 여기에 해당된다.

ㄴ. **구술발화**: 제보자와의 면담을 통해 조사자의 질문이나 요구에 의해 응답하는 상황에서 발화되는 언어 행위 또는 그러한 언어 행위에 의해 산출된 일정한 음의 연쇄체. '질문에 대한 대답, 면담 외의 말, 옛날 이야기, 과거의 경험' 등 일상생활과 관련된 이야기가 여기에 해당된다.

따라서 본고에서는 '비격식 상황에서 조사자를 의식하지 않는 대화'(박경래 2007), '자연스럽고 공적인 관찰'(Wallace Chafe 1994)을 '자연발화'로 보고 이를 수집하고자 하였다. 신방언은 젊은 세대가 개신자가 되어 새로운 방언형을 만들어 내기 때문에 대구지역의 20~30대 화자들을 조사의 대상으로 삼았다. 이를 위해 1)대구에서 생장한 사람, 2)기혼 여성과 남성의 경우 제보자 본인이 대구에서 태어나지 않았더라도 인근 지역에서 생장한 후 대구에서 결혼 생활을 하고 있으며 배우자가 대구에서 생장한 사람, 3)부모님이 대구 또는 인근 지역에서 생장한 사람이라는 세 가지 조건에 맞는 대표 표본(representative sample)을 선정하였다.

본 연구에서 자연 발화 자료 수집은 크게 두 가지 방법으로 진행하였다. 첫 번째 방법은 조사자와 친분이 있는 제보자가 일상적인 대화를 하는 방식이다. 바버라 존스톤(엄철주 옮김, 2014:168)에서 언급했듯이, 편하고 느슨한 상황에서 제보자들이 비교적 스스로를 의식하지 않는 발화를 유도하는 것이 목표일 때, Lesley Milroy(1987)가 제시한 방식으로 친구나 지인 네트워크를 활용하는 것이 효과적임은 입증된 바 있다.

두 번째 방법은 대표 제보자 2명이 일상 생활에서 그들의 지인들과 대화하는 내용을 녹음하는 방식이다. 이 경우, 녹음 대상 지인들에게 사전에 동의를 구했으며, 이 녹음 파일은 일주일 내에 삭제하였고, 대표 제보자의 지인들 역시 본 연구의 표본 선정 기준 세 가지를 모두 충족하도록 하였다. 특히, 20~30대 신방언 화자들은 스마트폰으로 녹음을 하거나 동영상 촬영을 하는 '기록' 행위에 익숙한 세대이기 때문에 개인 정보에 대한 보장과 녹음 파일 삭제만 정확하게 이루어진다면 녹음, 녹취에 대한 수용도가 높은 편이었다. 이러한 점을 고려하여 대표 제보자들이 그들의 지인들을 대상으로 녹음을 진행할 때는 스마트폰을 활용하였다. 이러한 방법은 연구자가 모든 제보자들의 발화 상황 직접 참여 관찰자로 임하기 어려운 한계를 보완하는 효과적인 대안이었다.

본 연구는 대화에서 공손 전략으로 '오→우' 고모음화형이 나타나는지를 살펴보는 것을 목적으로 한다. 그렇기 때문에 해당 대화에서 공손 전략이 사용되었는지를 판단하려면 대화 상황 자체에 대한 이해, 청자와 화자의 관계 등 연구 집단의 대화 맥락을 이해해야만 한다. 그러기 위해서는 모든 대화에 '참여 관찰자'로 참여하는 것이 좋다. 참여 관찰은 일반적인 들여다보기와 차이점이 있다. 참여 관찰자들은 자신들이 관심을 갖는 집단에서 자신들의 역할을 발전시키는 데 시간을 보내고 집단의 구성원으로서 많은 시간을 보낸다. 참여 관찰자들은 연구 집단의 즉각적이고 지역적인 의미(immediate and lacal meaning)를 찾아내고 기록하려고 하기 때문이다(Erikson1986:119; 바버라 존스톤, 엄철주 옮김 2014:151~152 재인용).

자연 발화 수집은 2020년 1월부터 2020년 11월까지 진행하였다. 11개월이라는 긴 시간 동안 계속적으로 수집이 이루어진 것은 아니다. 2020년 2월부터 대구, 경북을 중심으로 코로나19가 확산되면서 제보자들을 만날 수 없었기 때문에 실제 조사는 2020년 1월 한 달, 2020년 11월 한 달 동안 진행되었다.

〈표 1〉 제보자 정보

| | 여성 | 남성 | 비고 |
|---|---|---|---|
| 20대 | F20-1(※) | M20-1 | 미혼, 대학생 |
| | F20-2 | M20-2(※) | |
| 30대 | F30-1(※) | M30-1(※) | 기혼, 직장인 |
| | F30-2 | M30-2 | |

(※)는 대표 제보자

본 연구의 목적은 선행 연구들에서 밝힌 '오→우' 고모음화가 갖는 '공손성'이라는 특성이 실제 대화에서 공손 전략으로 사용되고 있는지를 살펴보는 데 있기 때문에 다수의 제보자를 대상으로 하는 양적 연구 방법보다 조건에 맞는 소수의 대표 제보자들을 대상으로 하는 질적 연구 방법이 더 적절하다고 판단하였다. 발화의 구체적인 상황을 파악하고 그 속에서 어떻게, 왜 '오→우' 고모음화가 나타나는지를 파악하기 위해서 제보자가 참여 관찰자가 되어야 하는 이유도 여기에 있다.

대구지역 20대 화자들은 모두 대학생으로 여성 화자 2명, 남성 화자 2명이 조사에 참여해주었다. 이들 중 여성 화자, 남성 화자 각 1명씩 대표 제보자가 되어 그들의 자연 발화를 수집하여 연구자에게 제공해주었다. 대구지역 30대 화자들은 모두 기혼으로 직장을 다니고 있으며 여성 화자, 남성 화자 각 2명씩 조사에 참여해주었다.

## 3. 공손성과 공손 전략

공손성(Politeness)에 대한 연구는 Lakoff(1973)에 의해 시작되었는데, '강요하지 말 것, 선택의 여지를 줄 것, 청자를 기분 좋게 할 것'이라는 세 가지 공손 격률을 제안하였다. Brown&Levinson(1987:66)은 '사회의 모든 구성원들이 자신에게 부여하는 공적인 이미지'라고 하면서 '체면(face)'이라는 개념으로 공손성을 정의하였다. 즉, 공손성은 대화에서 화자가 청자의 체면을 지켜주기 위해 언어적 장치를 사용하는 것이며, 윗사람과 아랫사람 모두 적용되는 청자에 대한 화자의 태도를 의미한다.

화자는 대화에서 공손표현을 사용함으로써 의사소통을 원활하게 하고 일정한 목적을 달성하게 된다. 특히 거절화행에서 공손성은 매우 중요하다. 허상희(2010:6)에서도 말했듯이 거절화행은 상대방의 체면을 상하게 할 수 있는 부담스러운 화행이므로 인간관계가 잘 유지될 수 있도록 의도적인 측면에서 공손표현이 필요할 수밖에 없다. 또, 허상희(2010:23)에서는 상황 요인을 '힘, 거리, 상황'으로 나누고 이에 따라 '위계공손체계(±

힘), 상호공손체계(+거리, 공적), 유대공손체계(−거리, 사적)'로 나누었다. 그러면서 공손표현의 체계는 먼저 대화 참여자들의 관계에 상관없이 대화의 '상황'을 고려하고, 그 후 대화 참여자들의 '관계'를 고려하여 힘과 거리의 조절을 통해 위계 공손, 유대 공손, 상호 공손 방식을 사용하게 된다고 하였다.

Brown&Levinson(1987:66)은 대화를 하는 사람이라면 누구나 갖고 있는 기본 욕구인 체면을 적극적 체면(positive face)과 소극적 체면(negative face)으로 나누었다. 적극적(positive 긍정적) 체면은 청자가 남들로부터 환영받고 찬사받을 필요를 느끼는 인정 욕구에 해당한다. 소극적(negative 부정적) 체면은 청자가 남들로부터 자신의 행동을 강요 당하지 않고 싶어하는 욕구에 해당한다. 화자와 청자 간 의사소통이 이루어질 때에는 상호 간에 공손 전략을 사용해야 한다. 이를 위해 Brown&Levinson(1978)은 청자의 체면을 위협하는 행위인 FTA(Face Threatening Act)에 대처하기 위한 '공손 전략'을 제시하였다.

〈Brown&Levinson의 FTA에 대처하기 위한 공손 전략〉

ㄱ. **적극적 공손 전략**(positive politeness): 청자의 적극적 체면을 고려한 전략

ㄴ. **소극적 공손 전략**(negative politeness): 청자의 소극적 체면을 고려한 전략

적극적 공손 전략은 청자의 적극적 체면을 위협하는 행위에 대처하기 위한 공손 전략으로 청자와 화자가 상호협력을 바탕으로 청자와의 공감대나 친밀성을 강조하는 방향으로 이루어진다. 청자의 존중과 인정을 받고

싫어 하는 마음을 화자가 알고 있고 이를 발화로 표현하는 전략이다. 소극적 공손 전략은 청자의 소극적 체면을 위협하는 행위에 대처하기 위한 공손 전략으로 화자가 청자에게 거리를 두고 존경을 표하거나 완곡히 표현하는 방향으로 이루어진다.

Holmes(1984)에 따르면, 다른 사람들의 체면 요구에 주의를 표명할 때 감정적인 의미를 표현하는 데 양태(modals)를 사용하며, 이것이 공손성 유표가 될 수 있다(제니퍼 코츠, 김희숙 역 1998:180~181).

(1) Pam: We could go around looking for more bottles.(우리 병을 더 찾을 수 있을 것 같아.)

Sharon: Hey maybe tomorrow we can come up here and see if they got some more.(우리 내일쯤 여기 와서 좀 더 찾을 수 있는지 보자.)

(제니퍼 코츠, 김희숙 역 1998:174~175에서 재인용)

위 대화에서 양태 조동사인 'could', 양태 부사인 'maybe'는 공손 표지로 사용되었다. 'could'와 'maybe'는 '지시'(병을 더 찾아)라는 화행의 힘을 약화시키기 위해 '소극적 공손 책략'으로 사용된 것이다. 직접적인 지시는 청자의 소극적 체면(병을 찾지 않을 자유로운 권리)에 위협을 줄 수 있기 때문에 양태를 사용하여 청자의 소극적 체면을 고려한 '소극적 공손 전략'을 사용한 것이다.

공손성은 청자의 체면 요구를 만족시키는 의사소통 전략이며 다양한 언어적·비언어적 표지들을 사용할 수 있다. 문금현(2017)에서는 한국어의 높임과 비슷한 공손성 표현이 공손성의 강도와 사용 양상에 따라 어떻게 생성되며 유형화할 수 있는지 연구하였다. 이 연구에서 공손 표현의 언어적 단위를 '음운, 문법, 어휘'로 나누어 공손 강도와 사용 빈도에 따른 특징을 조사하였다. 공손 표현 단위의 하위 유형으로 음운은 '억양, 음장', 문법은 '조사, 어미', 어휘는 '호칭어, 겸양/높임, 보조의미추가', 화용은 '간접표현, 의사타진표현, 부정의문문, 겸손표현, 울타리어, 들은 말 반복, 말 줄임' 등이 있었다.

조민하(2018)에서는 성별에 따른 억양의 공손 전략을 밝히기 위해 서울 출신의 20대 대학생 30명의 자유 발화를 분석하였다. 그 결과 성별에 따른 공손 전략 차이를 보였는데, 먼저 여성은 부드러운 정서를 나타내는 억양(L, M:, LH)을 사용하고 종결기능 연결어미의 23%에 공손표현이 사용되며, 반박·비난·거절 등 다양한 의도의 공손 표현을 드러냈다. 반면, 남성은 상대적으로 단언적 억양(L:, HL, LHL)을 주로 사용하고 종결기능 연결어미의 10%만 공손 표현에 사용하고, 여성에 비해 비난·거절은 공손 표현보다 직접적인 표현을 쓰면서 명확하게 전달하는 특징이 있었다. 그러면서 남성의 언어 표현이 여성보다 단순하고 섬세하지 못한데 이는 남성 언어의 특징이라고 하였다.

조용길(2006)에서는 일상 대회에서 공손은 발화 내용과 발화 형식면에 있어서 매우 다양하고 복잡한 모습을 띄고 있음에도 불구하고 공손에 대한 연구가 단순하고 획일적으로 이루어지고 있음을 지적하였다. 그러면서 공손은 '언어 사용(Sprachgebrauch)' 안에서 파악되어야 함을 강조했고, 대화 연쇄 속에서 나타날 수 있는 공손의 하위 유형들은 무수하다고 하였다. 조용길(2006:152~153)에서는 일상 대화에서 '비교적' 자주 나타나는 공손의 기능적 하위유형들을 '1)행위이행의 부담 줄이기: 상대방의 자율영역 보호 2)상호 간의 갈등해소 3)자신을 낮추고 상대방을 높임 4)친밀감의 부각 5)형식적 공손 6)행위의도의 효과적 관철 …… n) ……'로 제시하였다. 이 연구에서는 화자들의 다양한 언어 사용 내에서 공손이 단순하게 나타나지 않으며 '무수히' 많은 양상(n)으로 나타난다는 것을 강조했다. 또 이러한 공손을 표현하는 발화 형식들로는 '1)간접화행 2)예비요청 3)존대법 4)사과하기 5)이유대기 6)인사형식 7)친밀감 강조 표현 8)생략표현 9)머뭇거리는 표현 …… n) ……'를 제시하였다. 이 역시 무수히 많은 양상(n)의 공손을 다양한 발화 형식으로 표현할 수 있음을 강조한 것으로 볼 수 있다.

이처럼 대화에서 공손의 범위는 넓고 이를 표현하는 발화 형식도 다양하게 나타날 수 있다. 어휘·문법·운율 요소들이 사용될 수도 있지만, '오→우' 고모음화와 같은 음운 요소들을 활용할 수도 있는 것이다. 홍미주(2013:361)에서도 국어에서 공손성은 주로 형태, 통사, 어휘적 요소들에 의해 실현되지만 음운적 요소 또한 공손성 실현에 관여할 수 있다고 한 바 있다. 허상희(2010:61)의 예를 통해서도 음운적 요인이 공손 전략으로 사용되는 것을 확인할 수있다.

(2) 진진: 이제 그만해. 너두 가서 공부해야 되잖아.
수진: 할머니, 다리가 아프실 때 어떻게 아프신 거예요? 막 욱신욱신 그러세요?
진진: 말해줘두 넌 몰라. 니가 늙어보면 아파 보면 알지.
수진: (다시 주무르는)
진진: 아, 괜찮아. 그만 해. 주물러두 아프구 안 주물러두 아픈 걸.
수진: 그래두요.

(허상희 2010:61 재인용)

(2)는 진진(할머니)과 수진(손녀)의 대화 상황으로 손녀의 호의(다리를 주물러주는 행위)에 대해 할머니가 사양하고 있다. 허상희(2010:61)에서는 두 사람의 대화에서 진진이 수진의 호의를 거절할 때 이유를 길게 설명하는 것이 공손 전략이라고 해석하였는데, 이와 함께 '말해줘두, 주물러두 아프구 안 주물러두'와 같이 '오'가 '우'로 고모음화 되는 것도 다양한 공손 전략들 중 하나로 볼 수 있다.

'오→우' 고모음화는 공손성을 가지는 대표적인 음운 현상이다. 이 대화에서 진진(할머니)이 '말해줘도 넌 몰라'로 말하면 수진(손녀)의 호의를 '단호'하게 거절하는 느낌이 든다. 이 대화에서 수진(손녀)의 소극적 체면은 손녀가 할머니를 위해 다리를 주물러 주려는 호의를 진진(할머니)이 완곡하게 거절하는 상황이다. 이 때 진진(할머니)은 수진(손녀)의 소극적 체면을 지켜주기 위해 '소극적 공손 전략'으로 거절 이유를 길게 설명하면서 '오→우' 고모음화라는 음운론적 전략을 사용하게 된 것이다.

이 장에서는 선행 연구들을 바탕으로 공손성과 공손 전략에 대해 살펴보았다. '공손성'이라는 개념은 명확하게 정의되기 어려울 정도로 그 범위가 넓었으며, 화자들이 대화에서 공손성을 표현하기 위해 음운, 문법, 어휘 등 다양한 방법을 활용하고 있는 것을 확인하였다. 다음 장에서는 대구지역 청년층 화자들의 자연 발화에서 찾은 구체적인 대화 상황을 예로 들면서 대구지역의 신방언 '오→우' 고모음화가 대화에서 공손 전략으로 사용되고 있음을 보이고자 한다.

## 4. 자연 발화에 나타난 '오→우' 고모음화의 공손 전략

대구지역의 '오→우' 고모음화는 젊은 세대를 중심으로 새롭게 나타나는 방언형이자 '신방언'으로 볼 수 있다. 이 장에서는 자연 발화를 분석하여 대구지역의 신방언으로 볼 수 있는 '오→우' 고모음화가 대화에서 공손 전략으로 활용되고 있음을 살펴보고자 한다.

방언연구회(2001:275)에서는 화자들의 언어 태도에 표준 방언이나 기타 위세 있는 변이형이 화자들에게 유리하게 작용한다고 하였다. '오→우' 고모음화는 대표적인 중부 방언형으로 대구광역시를 포함한 남부지역에서는 잘 나타나지 않는 음운 현상이었다. 미디어를 통해 타 방언에 노출이 잦아지고 이를 긍정적으로 인식하게 되면서 특히 대구지역 젊은 화자들은 '오→우' 고모음화를 '공손성'을 가지는 긍정적 이미지로 인식하고 있다. 배혜진(2016)에서는 대구지역 신방언 화자 100명을 대상으로 '오→우' 고모음화에 대한 언어 인식 조사를 시행한 바 있다. 그 결과 대구지역의 20~30대 화자들은 '오→ 우' 고모음화형에 대해 75%가 '공손성'을 가진다고 인식하였다. '오→우' 고모음화에 대한 '공손성' 이미지가 대화에서 '공손 전략'으로 사용되면서 '오→우' 고모음화의 사용 빈도가 높아지고 전형적인 대구지역 노년층 화자들의 말과는 차이를 보이는 신방언으로 성장할 수 있었을 것이다. 홍미주(2013)에서도 언어 태도에 초점을 두고 대구지역에서 변항 (오)의 변이형 실현 양상을 살펴보았고, 그 결과 대구지역의 젊은 세대에서 변이형 (우)가 공손 표지로 기능하고 있으며, 이를 공손 책략의 하나로 사용하는 것이 (우)의 실현율을 높이는 원인이라고 하였다.

공손 전략은 '거절, 사과, 동조' 등 다양한 대화 상황에서 사용될 수 있으며 무의식적으로 사용할 수 있다. 그렇기 때문에 대화 상황에서 참여 관찰자로 참여하지 않은 연구자가 화자의 공손 전략 사용 여부를 판단하는 것은 주관적일 수 있다. 본고에서는 연구자의 주관적인 판단을 배제하기 위한 노력으로 자연 발화를 수집하는 과정에서 화자들이 스스로 공손 전략을 사용하고 있음을 인지한 대화 상황을 중심으로 예를 제시하였다.[1]

이남경(2012:84)에서는 체면 작용이나 공손성을 규정하기 위해서는 체면을 살려주고 유지시켜주는 긍정적 속성의 화행보다는 체면을 위협할 소지가 많은 화행을 선택하는 것이 분석의 유용한 틀을 제공해 줄 수 있다고 하였다. 화행의 특별한 유형인 거절은 요청, 제안, 조언 등의 축구 발화에 대한 부정적 응답으로 타자의 체면 유지에 상당한 위험을 주는 화행이기 때문이다.

실제 대화에서 공손 전략은 거절과 같은 부정적인 상황에서 소극적 체면 위협을 고려한 소극적 공손 전략으로 나타나기도 하지만, 동의와 같이 청자와 화자의 공감, 공조, 공유를 위한 긍정적인 상황에서 적극적 공손 전략이 나타기도 한다. 따라서 본고에서는 적극적 공손 전략과 소극적 공손 전략으로 나누어 살펴보았다.

(3) **〈평가, 제안 → 동의, 수락〉**

M20-2: 내 생각은 이런데 다들 어때?

1 연구자가 제보자들의 대화에 참여한 경우, 화용 상황이 종료되고 나면 공손 전략을 사용한 것으로 보이는 화자, 또는 그 대화의 참여자들에게 말을 할 때 스스로 상대방의 기분을 상하지 않게 하려고 공손하게 말했는지 왜 공손하게 말하기 위한 노력을 했는지 질문하였다. 대표 제보자들이 자연발화를 제공해 준 경우, 대화에 참여한 대표 제보자에게 대화 상황을 구체적으로 물어보고 공손함이 드러난 상황이었으면 왜 그러한 노력이 있었는지를 다시 확인하였다.

B(20대 여성)[2] : (높은 톤으로) 좋아요. 한번 해보자구!

(3)은 20대 여성, 남성 화자가 대학 수업의 팀별 과제 계획을 이야기하는 상황이다. M20－2는 팀장으로서 팀별 과제를 수행하기 위해 팀원들이 분담할 역할과 시간별 계획표를 작성해왔고, 이를 팀원들에게 설명한 후 동조를 기다리는 상황이다. 이때 화자B는 M20－2가 준비한 일들에 대해 동조를 구하고 싶은 인정 욕구 즉, 적극적 체면을 이해하고 적극적 공손 전략을 사용하였다. 화자B가 사용한 적극적 공손 전략은 1)높고 씩씩한 대화 톤, 2)제안을 수락하는 어휘 '좋아요', 3)'해 보자고!'의 '오→우' 고모음화형 '해보자구!'로 볼 수 있다.[3]

(4) **〈고백 → 동조〉**

M20－1: 중간에 제대했어요 (말끝 흐림)

A(30대 여성): (낮은 톤, 느린 속도로) 그때두 힘든 일 있었니?

M20－1: 너무너무 힘들었죠. (손목 긋는 행동을 하며) 군대에서두 그랬죠. 그랬더니 제대하라더라구요. (겸연쩍게 웃음)

A(30대 여성): (낮은 톤) 너두 힘들었던 거지. 극복하기 힘들 만큼. 많이 힘들었겠다 진짜.

---

2 이 대화는 20대 남성 대표 제보자(M20－2)가 팀원들의 동의를 받고 회의 상황을 녹음하여 연구자에게 제공한 자료에서 추출한 것이며, B(여성20대)는 대표 제보자와 대화에 참여한 20대 여성으로 세 가지 표본 조건에 부합하였다.

3 화자B는 팀원들을 이번 수업에서 처음 만났고, 이 화용 상황이 두 번째 만나는 자리이기 때문에 성공적인 팀별 과제 수행을 위해 분위기를 잘 형성하고 싶었다고 했다. 그래서 학번, 학년이 높은 팀장 M20－1의 의견에 최대한 따르려고 했고 학번, 학년이 제일 낮은 화자B는 다른 팀원들의 눈치도 봐야 했기 때문에 공손하게 팀장의 의견에 동조한 것이라고 스스로 인식하고 있었다.

(4)는 30대 여성(연구자, 교수), 20대 남성(제보자, 학생)이 과거의 힘들었던 경험에 대해 이야기하는 상황이다. M20－1은 수업을 통해 화자A와 친분을 쌓게 되었고, 개별 상담을 요청한 상황에서 자신의 과거를 고백하고 공감과 동조를 기대하였다. 화자A는 M20－1이 자신의 겪었던 상처를 공감해주고 위로와 동조를 구하고 싶은 욕구, 즉 적극적 체면을 이해하고 적극적 공손 전략을 사용하였다. 화자A가 사용한 적극적 공손 전략은 1) 낮고 느린 대화 톤, 2)조사 '도'의 고모음화형 '그때두, 너두'로 볼 수 있다.

(3)과 (4)는 화자가 청자의 적극적 체면을 위협하지 않기 위해 '동의, 동조'한다는 공통된 상황이다. 하지만 대화의 맥락과 분위기에 따라 대화의 톤을 높이는 전략을 사용하기도 하고 대화의 톤을 낮추는 전략을 사용하기도 하였다. 두 대화 상황에서 공통적으로 사용된 공손 전략은 '오→우' 고모음화이며 조사, 어미에서 다양하게 나타났다.

다음은 '거절, 부정 응답'과 같이 청자의 소극적 체면을 위협할 수 있는 상황에서 공손 전략으로 사용된 예를 살펴보겠다.

(5) **〈갈등 → 요청(사과) → 수락〉**

A(30대 여성)[4] : 뭐 땜에 그랬는데? 뭔일이고?

F20－1: 자가 내 꺼두 고쳐주구 그랬는데…(머뭇)… 내가 시끄럽다구 해서

F20－2: 응답 없음

F20－1: (애교 있게 웃으면서 옷을 부여잡고) 미안해. 진짜루!! 진짜 미안!!

4 A(30대 여성)은 연구자이며, 제보자들과 함께 대화한 상황에서 등장한다.

F20－2: (웃으며) 됐다 야

(5)는 '오→우' 고모음화형이 실현된 구체적인 대화 상황으로 20대 여대생 2명과 연구자(30대 여성)가 상담을 하는 상황에서 나눈 대화이다. 이 대화 상황 이전에 화자 F20－1은 친구인 F20－2를 시끄럽다고 다그치면서 소극적 체면을 위협하였다. 이 상황에서 F20－2의 소극적 체면은 자유롭게 대화할 욕구 즉, F20－1에 의해 침묵을 강요당할 필요가 없다는 것이다. 하지만 F20－1은 F20－2의 소극적 체면을 위협하였다. 갈등 상황에서 자신의 잘못을 인정하면서 '내 꺼두, 고쳐주구, 시끄럽다구'와 같이 조사 '도', 어미 '－고'를 고모음화하였고, 사과를 요청할 때도 '진짜루'와 같이 조사 '로'를 고모음화하였다. 자신의 잘못을 설명하고 사과를 요청하는 과정에서 머뭇거리는 모습이나, '진짜'와 같은 부사어 사용들도 F20－2의 소극적 체면을 위협한 상황에서 사용된 공손 전략 중 하나로 볼 수 있다.[5]

(6) **〈제안 → 거절〉**

A(20대 남성): 주말에 콜?

M20－1: 코로난데.. 그건 좀 아니지 않을까?

A(20대 남성): 방 예약하면 되잖아

M20－1: 그래두 쫌 신경 쓰이는데

---

5 F20－1은 상대방(F20－2)의 여러 도움이 있었는데도 불구하고 자신이 사소한 것에 화를 내게 된 상황을 A에게 설명하는 화용 상황에서 더 이상 F20－2의 기분을 나쁘게 하지 않으려고 최대한 공손하게 발화했다고 인지하고 있었다.

(6)은 20대 남성 화자 2명이 주말 약속을 잡는 대화 상황이다. 이 대화는 2020년 11월경 주말을 앞두고 나눈 대화로 화자A는 코로나19가 조금 괜찮아졌기 때문에 주말에 사람이 많은 곳에서 만나도 괜찮을 것이라 생각하고 약속을 제안한 상황이다. 하지만 M20－1은 코로나19가 여전히 진행 중이기 때문에 굳이 사람이 많은 곳에서 만나는 것에 거부감을 느꼈다. 자신의 거절이 친구의 체면을 위협한다는 것을 알기 때문에 최대한 공손하게 거절하고 있는데, 이때 '그래두'와 같이 조사 '도'를 '두'로 고모음화하였다. 또, 부사어 '쫌'의 반복적인 사용도 화자A의 소극적 체면을 위협한 상황에서 사용한 공손 전략 중 하나로 볼 수 있다.[6]

(7) **〈질문 → 부정 응답〉**

M30－2: 그때 그건 쫌 아니었지 진짜.

M30－1: 인제 따지고 그라기에는 쫌 글체?

M30－2: 불편하면 함 말이나 해바바. 그건 괜찮잖아.

F30－2: (큰 목소리로) 야! 그래두 그건 아닌 건 같다. (작은 목소리로 웃으면서) 치사하다 아이가[7]

(7)은 30대 남성 2명과 30대 여성 1명이 대화를 나누는 상황이다. M30－1은 최근에 있었던 불합리한 일에 대해 늦게라도 항의를 해볼까

---

6 M20−1은 상대방(A)의 제안을 받자마자 거절해야 한다는 생각이 들었지만 그 거절이 유별나 보일 수 있고, 상대방의 기분을 상하게 할 수 있다고 생각해서 친구의 기분을 상하지 않게 노력하면서 발화했다고 인지하고 있었다.

7 F30−2는 황당해서 큰 목소리로 "야!"라고 불렀는데 그러자마자 상대방(M30−1)이 기분 나빠할 수 있겠다는 생각이 들어서 최대한 친절하고 공손하게 발화했다고 인지하고 있었다.

하는 질문을 던지는 상황으로 이 상황을 다 알고 있는 청자들(F30－2, M30－2)의 동의를 기대하였다. F30－2는 질문에 대한 동의를 기대하고 있다는 것을 알지만 부정 응답을 하였다. 이때 F30－2는 자신의 부정적 응답이 M30－1의 소극적 체면을 위협한다는 것을 알기 때문에 큰 목소리로 부정 응답을 시작하다가 대화 톤을 낮추는 전략을 사용했다. 또, 조사 '도'를 '두'로 고모음화하면서 M30－1의 소극적 체면을 위협하지 않기 위한 공손 전략으로 활용하였다.

(8) **〈지시 → 거절〉**

A(30대 여성): (중략) 매우 힘든 상황이라고 하시더라구요.

F30－1: (한숨 쉬면서 화난 목소리로) 안타깝긴하지만 업무 탓만은 아닌 것 같구요.

A(30대 여성): 왜 그래야 하는지 설명도 해주시더라구요. 듣고 나니 이해두 되던데

F30－1: 근데 다른 곳은 하루에도 몇 번씩 와요. 어디 몇 명 발생했다구요. 근데 여긴 아니잖아요.

(8)은 30대 여성 두 명이 지자체의 코로나19 대응이 늦다는 것에 대한 대화를 나누는 상황이다. 화자A와 F30－1 모두 30대 여성으로 친분이 있는 사이이기는 하지만 화자A는 지자체의 입장을 이해해달라고 지시하는 입장이고 F30－1은 그 지시를 거절하는 상황이다. 화자A도 F30－1의 입장을 이해하지만 지자체 나름의 사정을 전달하면서 '하시더라구요, 해주시더라구요, 이해두'와 같이 '－구요, 두'로 고모음화하여 공손하게 지시사항을 전달하고 있다. 강한 어조로 지시를 하게 되면 F30－1의 적극적

체면을 위협할 수 있다고 판단하였기 때문이다. F30－1 역시 화자A의 지시를 거절하면 소극적 체면을 위협하는 것임을 알기 때문에 화가 나는 감정을 억누르면서 '아닌 것 같구요, 발생했다구요'와 같이 '－구요'로 고모음화하여 공손하게 발화하고 있다.

(5)는 사과를 요청하는 상황, (6)~(8)은 상대방에게 제안, 질문, 지시에 부정적 반응을 표현하는 상황으로 모두 청자의 소극적 체면을 위협하고 있다. 그래서 이에 대응하기 위해 공통적으로 '오→우' 고모음화를 공손 전략으로 활용하였다. 이 외에도 목소리 톤과 속도를 조절하기도 했으며 머뭇거리기도 했고, '진짜, 쫌'과 같은 부사어들을 사용하기도 했다. 즉, 대화에서 공손 전략은 특정한 문법이나 어휘를 통해서만 이루어지는 것은 아니며 상황에 따라 다양한 방법들을 활용하게 된다. 문금현(2017: 52~53)에서는 공손성을 절대적 공손성 유형과 상대적 공손성 유형으로 나누었다. 절대적 공손성 유형은 각 층위별로 부여된 높임의 공손성으로 요소가 존재하기만 하면 당연하게 나타나는 공손성의 유형이며, 공손성 요소의 유무로 판단 가능하다.

반면, 상대적 공손성 유형은 상황에 따라서 달라지는 것으로 기존 층위의 것이 자기 본연의 층위에서 본연의 기능을 발휘하지 않고 화용적 기제에 의해서 공손성을 실현하게 되는 유형이며, 친근, 친밀함을 표현하거나 상대방을 배려함으로써 공손성이 생성되는 것이다. 문금현(2017:53)은 절대적 공손성 유형과 상대적 공손성 유형을 아래와 같이 분류하였다.

ㄱ. **절대적 공손성 유형**

- 문법: 여격조사 '께', 주격조사 '께서', 높임 선어말어미 '－시－'
- 어휘: 높임 일반 호칭어 '어르신', 겸양어 '저', 높임어휘

• 화용: 사과 울타리어 '실례하지만, 미안하지만, 죄송하지만'

ㄴ. **상대적 공손성 유형**

• 음운: 음장

• 어휘: 직위호칭어의 일반호칭어 사용(사장님, 선생님), 친족호칭어의 일반호칭어 사용(어머님, 이모, 언니, 일반호칭어 'ㅇㅇ씨, 학생', 보조용언 '보다, 주다, 싶다', 희망 의미 추가 '좋겠다, 바란다'

• 화용: 간접의문문 'V+주실 수 있으세요?', 의사타진표현 '-도 될까요?/괜찮을까요?'

이러한 분류에 따른다면 '오→우' 고모음화는 '상대적 공손성 유형'에 포함된다고 볼 수 있다. '오→우' 고모음화 자체가 공손성을 가지는 음운 현상이 아니기 때문이다. 공손성을 생성하는 중요한 기제는 화용적 요소이다. 이 화용적 요소는 언어를 사용하는 화자들이 특정 언어 현상에 대해 '공손성'이라는 이미지를 가지면서 시작되는 것이다. 앞선 연구들을 통해 '오→우' 고모음화에 대한 언어 사용자들의 이미지는 화용적으로 친근감, 공손함, 부드러운 태도를 보여주는 요소로 작용하는 것을 보았다. 즉, '오→우' 고모음화 자체는 공손성 요소를 갖지 않은 음운 현상이지만 대화 상황에서 언어 사용자들에게 '공손성'이라는 화용적 요인으로 작용해 공손 전략으로 사용하는 것이라 할 수 있겠다.

문금현(2017:36)에서는 설문 조사를 통해 한국어 공손성 표현의 유형별 특징을 살펴보았는데, 그 결과 '해요체' 종결어미의 공손성 강도를 강하게 인식하고 사용 빈도도 높았으며, 그 다음은 '합니다체'로 나타났다.

단순하게 문법적인 공손법 등급에 따른 극존대 종결어미를 사용한다고 해서 가장 공손한 표현이 되는 것이 아니라, 화용적인 요인이 작용하여 부드럽고 친밀한 느낌을 표현해 주어야 공손성이 생성되므로 화용적인 요인이 공손성 생성에 중요한 영향을 끼친다는 것이다. 또 적절한 높임인 '해요체'가 청자에게 친숙하고 부담이 없어 더 쉽게 사용되고 있다고도 하였다. 이때 적절한 높임인 '해요체'와 친근함, 부드러움을 보여주는 '오→우' 고모음화형을 함께 사용해서 '-구요'와 같은 형태가 되고 대화의 공손 전략으로 활용될 수 있는 것이다.

이 장에서는 대구지역 신방언 화자들의 자연 발화를 분석하여 '오→우' 고모음화가 대화에서 공손 전략으로 사용되고 있음을 살펴보았다. 공손 전략으로 사용되는 '오→우' 고모음화는 이 음운 현상 자체가 '공손성'이라는 자질이나 요소, 등급 체계를 가지는 절대적 공손성 유형이 아니다. 대구지역에서는 생산적이지 않던 '오→우' 고모음화형이 젊은 세대를 중심으로 '친밀감, 공손함'을 표현하는 화용적 기제로 작용하게 되었고, 대화의 공손 전략으로 사용하게 된 것으로 볼 수 있다.

## 5. 결론

본고에서는 기존 연구들에서 밝혀진 '오→우' 고모음화의 '공손성' 자질이 실제 대화에서 공손 전략으로 사용되고 있는지를 확인하는 것을 목표로 하였다. 이를 위해 대구지역 20~30대 화자들 중 세 가지 조건에 맞는 대표 표본을 선정하여 '오→우' 고모음화가 사용되는 구체적인 사례를 수집하였다.

공손 전략은 '동조/동의, 사과, 거절' 등 다양한 대화 상황에서 사용되며 '음운, 문법, 어휘' 등 모든 층위에서 나타날 수 있다. 먼저, 대구지역의 '오→우' 고모음화는 평가/제안에 대한 '동의/수락'과 같이 청자의 적극적 체면을 지켜주기 위해 적극적 공손 전략으로 사용되었다. 또 '사과, 거절, 부정 응답'과 같이 청자의 소극적 체면을 위협하는 상황에서 소극적 공손 전략으로 사용되기도 하였다.

자연 발화에 나타난 '오→우' 고모음화의 공손 전략은 다른 층위의 요소들과 함께 나타나는 경우가 대부분이었다. 목소리 톤을 높이거나 낮추기도 했고, 말을 잘 하지 못하고 머뭇거리도 했으며, '진짜, 쫌'과 같은 부사어 어휘들을 사용하기도 했다. 이들은 모두 절대적으로 공손성을 가지는 요소들이 아니라 상대적 공손성을 가지는 요소들이다.

상대적 공손성은 특정 음운, 문법, 어휘 자체가 공손 요소로 작용하지는 않지만, 화행적 기제에 의해 상황에 따라 공손 전략으로 사용되기도 하는 것이다. 특히, '오→우' 고모음화에 대한 대구지역 신방언 화자들의 인식은 '친절함, 공손함'이라는 긍정적 이미지가 있었다. 음운 현상에 대한 이러한 긍정적 이미지가 대화 상황에서 '공손성'이라는 화용적 요인으로 작용하면서 공손 전략으로 활용된 것으로 볼 수 있다.

### 참고자료


강희숙(1999), 「오>우 변화의 수행과 확산」, 『국어학』 33, 국어학회, 99–123쪽.

강희숙(2001), 「언어의 변화와 보존에 관한 사회언어학적 연구 – 광주 방언을 중심으로」, 『한국언어문학』 47, 한국언어문화학회, 537–564쪽.

김규남(2000), 「변항 (–Xo)의 개신에 대한 전주시 화자들의 언어 태도와 비제도 규범」, 『한국언어문학』 44, 한국언어문화학회, 543–566쪽.

김아름(2008), 「국어 고모음화 현상 연구」, 아주대학교 석사학위논문.

문금현(2017), 「한국어 공손성 표현의 생성 유형별 특징 – 공손성의 강도와 사용 양상을 중심으로」, 『어문학』 82, 한국어문학회, 27–66쪽.

바버라 존스톤, 엄철주 옮김(2014), 『사회언어학의 질적 연구방법』, 전남대학교 출판부.

박경래(2007), 「구술발화의 조사와 정리」, 『방언학』 6, 한국방언학회, 73–116쪽.

박소연(2017), 「한국어 공손성 연구의 쟁점 – 선행연구 분석을 중심으로」, 『언어와문화』 13(4), 한국언어문화교육학회, 59–82쪽.

방언연구회(2001), 『방언학 사전』, 태학사.

배혜진(2016), 「대구지역의 '신방언' 실현 양상 연구 – '오→우' 고모음화를 중심으로」, 『방언학』 24, 한국방언학회, 129–152쪽.

백두현(1992), 『영남 문헌어의 음운사 연구』, 태학사.

이남경(2012), 「양상과 공손성–거절화행에 나타난 양상의 체면 조절 기능에 관하여」, 『노어노문학』 24(3), 한국노어노문학회, 75–106쪽.

제니퍼 코츠, 김희숙 역(1998), 『'성'과 언어』, 청주대학교 출판부.

조민하(2018), 「성별에 따른 억양의 공손 전략 – 20대 대학생 자유발화 분석을 통하여」, 『화법연구』 42, 한국화법학회, 75–96쪽.

조용길(2006), 「대화 속의 공손현상에 대한 연구」, 『독어교육』 35, 한국독일어교육학회, 283–309쪽.

허상희(2010), 「공손법 관점에서 본 거절화행의 실현 양상 – 가족지위와 직장지위를 중심으로」, 『한민족어문학』 56, 한민족어문학회, 45–76쪽.

홍미주(2011), 「대구 지역어의 음운 변이에 대한 사회언어학적 연구」, 경북대학교 박사학위논문.

홍미주(2013), 「변항 (오)의 변이형 실현 양상과 언어 태도에 대한 연구」, 『방언학』 18, 한국방언학회, 325–367쪽.

Brown, P. & Levinson, S.(1987), Universals in language usage, Cambridge, England : Cambridge University Press.

Chafe, W.(1994), Dicourse, consciousness, and time, Chicago: University of Chicago Press.

Holmes, J. (1984). Modifying illocutionary force. Journal of Pragmatics 8, 345–6.

Milroy, L.(1987), Observing and analyzing natural language: A critical account of sociolonguisitc method, Oxford: Basil Blackwell.

# 3장

## 'ㄹ' 첨가 현상

이 장에서는 대구지역의 젊은 세대를 중심으로 나타나고 있는 'ㄹ' 첨가 현상을 '신방언' 의 관점에서 분석하고, 전통적 방언형을 사용하는 노년층의 발화와 비교하여 세대별 음운 현상 차이에 대해서도 살펴보았다.

# 'ㄹ' 첨가 현상

## 1. 서론

우리나라는 급속한 근대화를 경험하면서 짧은 시간 동안 사회 전반의 모습이 바뀌어갔다. 교통의 발달과 함께 통신, 매스 미디어가 다양해지고 교육이 보편화되면서 여러 가지 사회적 변화가 나타나고 있다. 이러한 사회적 변화는 언어 환경에도 영향을 끼치고 있다. 특히 보편화된 교육과 표준어 교육의 강화로 특정 방언이 순수성을 유지하면서 독립적으로 유지되고 발전되기 어려워지고 있다.

고유한 방언형을 구사하는 토박이 노년층 화자들의 언어 습관이 젊은 세대로 온전히 전승되지 못하는 현실 속에서, 소멸 위기에 처한 전통 토속 방언을 연구하는 것은 언어학적으로 중요한 의미를 지닌다. 더불어 미래의 방언 사용 주체가 될 젊은 세대의 방언 사용 양상에 대한 학문적 관심 또한 요구된다. 젊은 세대 화자들의 방언은 기성 세대 방언과는 차이를 보이지만, 그들 역시 방언을 모국어로 사용하는 언어 공동체의 일원이다. 더욱이 이들은 어린 시절부터 표준어 교육과 함께 성장한 세대로 모어인 방언과 교육받은 표준어 사이의 상호작용 속에서 새로운 형태의 방언형을 구사하는 특징을 보인다. 이러한 관점에서 '신방언(new dialect)' 연구는 같은 지역에 살고 있지만 세대에 따라 차이를 보이는 지역 방언에 접근할 수 있는 새로운 연구 방법이 될 것이다.

본 연구는 토박이 노년층 화자들이 사용하는 방언형과는 다른 젊은 세대들이 사용하는 새로운 형태의 방언인 '신방언(new dialect)'이 대구지역에서도 나타나고 있음을 확인하고 이를 밝히는 데에 있다. 대구 지역어의 '신방언'으로 볼 수 있는 음운 현상으로는 '오→우' 고모음화와 'ㄹ' 첨가 현상 등이 있는데, 본 연구에서는 수의적 'ㄹ' 첨가 현상을 중심으로 살펴보았다.

본 연구의 구체적인 목표는 다음과 같다. 첫째, 대구지역 젊은 세대를 중심으로 나타나는 수의적 'ㄹ' 첨가 현상이 '신방언'으로서의 성격을 지니는지를 밝힌다. 둘째, '신방언'으로서 실현되는 'ㄹ' 첨가 현상이 대구지역 토박이 화자들이 사용하던 'ㄹ' 첨가 현상과 어떠한 차이를 보이는지 비교 분석한다. 셋째, 'ㄹ' 첨가 현상이라는 특정 음운 현상에 대해 동일 지역 내 세대별 언어 사용 양상의 차이를 유발하는 사회언어학적 요인을 탐색한다.

## 2. 연구방법

'신방언(new dialect)'이라는 용어의 사용과 그에 대한 연구는 Trudgill(2004), 井上史雄(2000)를 포함한 일본의 연구를 통해 살펴볼 수 있다. 먼저, Trudgill(2004)에서는 '신방언'은 언어분화에서 인구사회학적 요인이 다른 요인보다 두드러진 지역에서 발생하며, 신도시, 식민지, 단기간에 형성된 거대도시나 신생국가에서 신방언이 나타나는 현상을 관찰할 수 있다고 설명한 바 있다.

다음으로, '신방언'은 일본 연구자들 사이에서 상대적으로 일찍 주목받았다고 할 수 있다. 오새내(2007:184)에서는 '신방언'에 대해서 일본 학자들은 '새로운 방언형의 출현'에 관심을 집중하였고, 영국과 미국 학자들은 신방언 형성 과정과 신방언 형성에서 나타나는 언어와 사회의 상호작용 전체에 관심을 두는 경향이 있다고 하였다. 이를 통해 '신방언'은 언어외적 요인에 의해 형성되는 대표적인 언어 현상임을 다시 한번 확인할 수 있다.

또한 일본 학자들은 1980년대에 전통 방언학의 입장에서 일본의 젊은 세대에서 나타나는 새로운 말투에 대한 연구를 시작하였고, 80년대 이후 사회언어학의 연구 방법론에 따라 신방언의 연구는 지속적으로 발전되고 있다. 이러한 노력은 井上史雄(2000)의 연구에서 신방언 연구 관점에 따라 방언지도를 작성하는 것으로 이어지고 있다. 井上史雄(2000)는 신방언에 대한 정의, 삼각형 모형을 중심으로 하는 우산 모델, 신방언 지도 등으로 연구 범위를 확대하여 신방언에 대한 체계적인 연구를 주도하기도 하였다.

한국에서도 '신방언'을 의미하는 '새로운 방언형'이라는 표현으로 언급된 바 있다.

> "1950년의 전란(戰亂) 이전에는 주로 서북 및 동북 방언을 말하는 피난민들이 서울에 왔고, 전란 중에는 서울 사람들이 동남 및 서남 방언 지역으로 피난을 갔으며, 전란 이후에는 또 동남 및 서

남 방언을 말하는 사람들이 많이 서울에 와서 살게 되어, 오늘날 순수한 서울말은 서울에서도 듣기 어렵게 되었다고 해도 지나친 말이 아니다. 그리하여 지금은 이러한 방언들의 영향 밑에 새로운 서울말이 형성되어 가고 있는 과도기라고 할 수 있다. 젊은 세대의 서울말에서는 이미 몇몇 새로운 특징들이 나타나기 시작하였다."(이기문1972:22)

이기문(1972:22)에서는 '순수한 서울말'과 '새로운 서울말'이라는 표현을 사용하였는데, 이때 '새로운 서울말'은 지금의 '신방언'에 대응되는 표현이라고 생각할 수도 있다. 한국에서는 서울 지역어를 중심으로 새로운 변이형에 대한 기록들이 남아있기는 하지만 이를 바탕으로 언어 변화의 관점에서 '신방언'으로 연구를 진행하거나 체계화하는 노력은 부족했다.

본고에서는 이러한 노력의 일환으로 대구지역 젊은 화자들을 중심으로 전형적인 방언 화자들과는 차이를 보이는 음운 현상을 찾아 내고 이를 '신방언'으로 설명하고자 하였다. 이러한 노력의 첫 번째가 바로 배혜진(2016)에서 살펴본 대구 지역어의 '오→우' 고모음화였고, 본고는 그 두 번째 연구로서 'ㄹ' 첨가 현상을 신방언으로 볼 수 있는가에 대하여 살펴보고자 한다.

이를 위해 현장 조사를 진행하였다. 전통 방언학 연구의 주요 대상은 NORM(Non－mobile Old Rural Male)이었다. 그러나 언어 변화로서 '신방언'을 파악하기 위해서는 MYUF(Mobile Young Urban Female)도 조사 대상이 되어야 한다. 이노우에 후미오(2017:216)에서도 언어 변화의 기본을 파악하려면 언어지리학적 조사에서는 어렵지만 사회언어학적 조사에서는 관점을 확대하여 MYUF(Mobile Young Urban Female)도 조사 대상이 되어야 한다고 한 바 있다. 대구지역의 ‘ㄹ’ 첨가 현상은 ‘신방언’으로 볼 수 있으므로 전형적인 화자들과 젊은 세대 사이에 차이가 나타날 것이라고 판단하여 세대는 신방언을 사용하는 젊은 세대인 20대 청년층, 전형적인 방언형을 사용하는 60대 이상 노년층으로 분류하였다.

〈표 1〉 제보자

| | | 제보자 수 | | 총 인원 |
|---|---|---|---|---|
| | | 여 | 남 | |
| 신방언 화자 | 청년층 | 11 | 10 | 22 |
| 전형적 방언 화자 | 노년층 | 10 | 12 | 22 |

조사방법은 대화 관찰과 질문 두 가지를 사용하였다. 대화 관찰은 특정 주제에 대해 조사자가 화젯거리를 제시한 후 제보자들이 함께 그에 대해 이야기를 하는 방식으로 ‘1명의 조사자 : 다수의 제보자’로 진행되었다. ‘신방언으로서’ 실현되는 대구지역의 ‘ㄹ’ 첨가 현상은 전형적인 대구지역 노년층 화자들이 사용하는 것과 그 실현 환경이나 양상에서 차이를 보일 것이다. 구체적으로 어떤 환경에서 실현되는지, 어떤 양상으로 나타나는지 알기 위해서는 관찰자의 모순이 최대한 배제된 환경이어야 한다고 생각한다. 따라서 조사자가 제보자의 대화에서 발화형을 유도한다거나 조사어휘를 유도해내는 등의 직접적인 간섭을 배제한 채 조사를 진행하였다.

제보자들의 자연스러운 발화를 조사하는 것과 더불어 그들의 언어 인식을 알아보기 위해 설문조사와 면담도 함께 진행하였다. 언어 인식은 첫째, 대구지역의 ‘ㄹ’ 첨가 현상을 신방언으로 볼 수 있는지를 파악하기 위해 둘째, ‘ㄹ’ 첨가 실현형과 비실현형의 어감 차이를 파악하기 위해 조사하였다. 청년층은 설문지로 충분히 언어 인식을 조사할 수 있었기 때문에 자연 발화 수집에 참여한 제보자를 포함한 청년층 123명을 대상으로 조사를 진행하였다.

2017년 대구에 거주하는 두 세대별 화자를 대상으로 발화 자료를 수집함과 동시에 1980년대 대구 지역어가 반영된 『한국구비문학대계 - 경상북도 달성군』을 참고하였다. 이 자료는 급격한 도시화로 인해 사라져 가는 구비 문학을 보존하고 기록하기 위한 목적으로 간행되었고, 30년 전 대구 지역 노년층 화자이자 지역 제보자들의 자연 발화로 엮어졌기 때문에 방언 자료로서의 가치를 지닌다고 할 수 있다. 본고에서 연구 대상으로 삼은 자료를 보이면 아래와 같다.

〈표 2〉 연구 대상 자료

| 자료 | 연도 | 비고 |
|---|---|---|
| 『한국구비문학대계』 | 1985년 | 노년층 |
| 방언 조사 자료 | 2017년 | 청년층, 노년층 |

## 3. 신방언과 'ㄹ' 첨가 현상

'신방언(new dialect)'은 같은 방언권에 있지만 이전 세대에서 사용하던 말과 차이가 있는 어형으로 상대적으로 젊은 화자들이 사용하는 새로운 방언형을 일컫는다. 이노우에 후미오(2015:223~226)에 따르면 일본에서 '간지럽다'라는 의미로 새롭게 사용되기 시작한 어휘 '모초카리(もちょかり)'는 1964년부터 2005년에 걸쳐 같은 연령층에서 폭등을 보이고 있었다. 일상의 사용률은 그리 많지 않겠지만 40년 동안 과거의 젊은 세대가 중년층이 되는 동안에 보급되었을 것이다. 그러나 40년 후의 세대에게는 퍼지지 않았다. 예전의 방언이 공통어화를 통해 '쿠스긋타이(くすぐったい)'로 통일되고 있기 때문이었다. 이처럼, 신방언은 단기간의 관찰로 이루어질 수 없고 긴 시간 동안 천천히 변화하기 때문에 그 판단이 신중해야 한다.

그렇다면, 대구지역의 젊은 세대를 중심으로 성장하고 있는 'ㄹ' 첨가 현상을 '신방언'으로 볼 수 있을까? 신방언은 어떠한 기준으로 판별할 수 있을까? 본 연구에서는 이노우에 후미오(2015)에서 제시한 세 가지 조건에 따라 대구지역에서 실현되는 'ㄹ' 첨가 현상을 신방언으로 볼 수 있는지 살펴보았다.

- 첫째, 'ㄹ' 첨가형은 젊은 세대를 대상으로 사용자가 많아지고 있는가?
- 둘째, 'ㄹ' 첨가형을 사용하는 발화자 자신도 이를 방언으로 취급하고 있는가?
- 셋째, 'ㄹ' 첨가형은 표준어로는 사용하지 않는 말투인가?

이들은 각각 세대, 문체, 형태와 관련된 것으로 이 세 가지 조건에 부합하면 '신방언'으로서의 가능성이 있다고 할 수 있다. 'ㄹ' 첨가형 자체는 비표준형이기 때문에 형태와 관련된 세 번째 조건은 성립된다고 볼 수 있다.

세대, 문체와 관련된 첫 번째, 두 번째 조건은 방언 사용자인 대구지역 화자들의 '언어 인식(Language Attitude)'을 조사해봄으로써 파악할 수 있다. 본 연구에서는 국어학적 지식이 없는 대구지역 청년층 123명에게 설문지를 통해 'ㄹ' 첨가 현상에 대한 언어 인식을 조사했다. 'ㄹ' 첨가 현상을 '신방언'으로 볼 수 있는지를 파악하기 위한 언어 인식 조사는 두 차례에 걸쳐 진행되었다. 2017년 6월에 168명을 대상으로 설문조사를 진행하였는데, 결과를 분석하는 과정에서 나타난 설문지 '질문'의 오류를 찾았고 이를 바탕으로 2017년 9월에 앞선 168명의 제보자와는 다른 123명의 제보자를 대상으로 설문조사를 진행한 것이다. 실제로 본 연구에서 서술하는 언어 인식은 1차 설문조사에서 발견한 오류를 보완하여 새로운 질문지를 작성하고 전혀 다른 123명의 제보자들에게 2차로 실시한 설문지의 결과를 바탕으로 하였다. 그 결과 'ㄹ' 첨가형은 젊은 사람들이 많이 쓰는 비표준형의 말(즉, 방언)이라고 인식하고 있었다.

**설문 항목_세대에 대한 언어 인식**

〈설문 1〉 "바로 퇴근해버릴려구", "시간이 진짜 빨리 흘르는 거 같네", "네가 잘 몰르니까 하는 소리지"와 같은 말투는 어떤 세대에서 사용한다고 생각하십니까?(복수 선택 가능)

① 10대~20대 ② 30~40대 ③ 50~60대 ④ 70대 이상

〈설문 1-1〉 그렇게 생각하는 이유는 무엇입니까?

( )

먼저, 〈설문 1〉은 '세대'와 관련된 신방언의 첫 번째 조건에 부합하는지 알아보기 위한 것으로 대구지역의 청년층이 'ㄹ' 첨가형을 젊은 세대가 많이 사용한다고 인식하고 있는지 알아보았다.

〈표 3〉 설문 1의 결과

| 〈설문 1〉 | ① 10~20대 | ② 30~40대 | ③ 50~60대 | ④ 70대 이상 |
|---|---|---|---|---|
| 응답률 | 91%(112/123)[1] | 13%(16/123)[2] | 10%(12/123)[3] | 9%(11/123)[4] |

설문지를 분석해 본 결과 123명의 청년층 제보자들은 91%의 비율로 10~20대 젊은 세대에서 'ㄹ' 첨가 현상이 많이 나타난다고 응답하였는데, 이는 그들 스스로가 'ㄹ' 첨가 현상을 사용하는 개신자임을 인식하고 있는 것으로 볼 수 있다. 이러한 인식은 아래의 서술을 통해서도 확인할 수 있다.

〈표 4〉 설문 1-1의 결과_세대에 대한 언어 인식 결과

| 세대 | 응답 결과 |
|---|---|
| A. 10-40대 | • 나도 씀<br>• 내가 쓰는 것 같으니깐<br>• 20대인 내가 쓰는 말 같다<br>• 어른들이 쓰는 걸 잘 못 들었다<br>• 말투가 어릴 것 같은 느낌이어서<br>• 귀여운 느낌이어서·평소에 쓰니까 |

1 ①의 91%는 총 123명 중 112명의 응답 결과를 퍼센트로 나타낸 것인데, 이는 ①을 단독으로 선택한 96명과 ①, ②로 복수 선택한 11명, ①부터 ④까지 모두 선택한 5명을 모두 합한 결과이다.

2 ②의 13%는 총 123명 중 16명의 응답 결과를 퍼센트로 나타낸 것인데, 이는 ①, ②로 복수 선택한 11명, ①부터 ④까지 모두 선택한 5명을 모두 합한 결과이다. 복수 선택이 아닌 ②만을 단독으로 선택한 제보자는 없었다.

3 ③의 10%는 총 123명 중 12명의 응답 결과를 퍼센트로 나타낸 것인데, 이는 ③만을 단독으로 선택한 6명과 ③, ④로 복수 선택한 1명, ①부터 ④까지 모두 선택한 5명을 모두 합한 결과이다.

4 ④의 9%는 총 123명 중 11명의 응답 결과를 퍼센트로 나타낸 것인데, 이는 ④만을 단독으로 선택한 5명과 ③, ④를 복수 선택한 1명, ①부터 ④까지 모두 선택한 5명을 모두 합한 결과이다.

| | |
|---|---|
| A. 10–40대 | • 사투리인데 칭얼거리는 느낌이 있으니까<br>• 선택한 나이대의 사람들이 쓰는 걸 자주 들었다<br>• 어린아이들이 사투리를 많이 쓰는 경향이 있는 듯<br>• '몰르니까' 같은 말은 서울권에서 쓰는 말 같습니다 |
| B. 50대 이상 | • 사투리니까<br>• 예전부터 써왔던 말 같아서<br>• 방언에 노출된 세월이 많아서<br>• 사투리 느낌이 들어서 나이드신 분들이 자연스러울 것 같다<br>• 젊은 사람들이 표준어 사용이 자연스러워서 저렇게 안 쓸 것 같다 |
| C. 10–70대 이상<br>(전 세대 가능) | • 다 사용 가능하다<br>• 어느 나이나 다 쓸 수 있다<br>• 모두 어색할 것 없다<br>• 이 말 하는 상황을 생각했을 때 어떤 세대도 어색하지 않다 |

위의 표는 〈설문 1－1〉의 결과를 정리한 것으로, A그룹을 10~40대까지로 묶은 것은 '젊은 세대', 즉 ①로 응답한 제보자들 중 ②와 함께 복수 응답한 경우가 있었기 때문이다. A그룹은 '20대인 내가 쓰는 말, 선택한 나이대의 사람들이 쓰는 말, 평소에 쓰는 말, 말투가 어릴 것 같은 느낌' 등과 같이 설문 제보자인 청년층이 'ㄹ' 첨가형을 젊은 세대에서 자주 사용하는 말이라고 인식하고 있었다. B그룹은 '방언에 노출된 세월이 노년층이 많아서, 사투리는 나이드신 분들이 자연스러워서, 젊은 사람들은 표준어를 사용하기 때문에 쓰지 않을 것 같아서' 등의 이유로 노년층에서 자주 사용하는 말이라고 인식하였고 C그룹은 그 어떤 세대도 어색할 것은 없다는 이유로 전 세대가 사용 가능하다고 인식하였다. 이는 신방언을 주도하는 젊은 세대인 개신자 스스로가 방언형인 'ㄹ' 첨가형을 평소에 자주 사용한다고 인식하고 있는 것이라 해석할 수 있다.

두 번째, 〈설문 2〉를 통해 'ㄹ' 첨가형을 사용하는 발화자인 대구지역 젊은 화자들이 이를 방언으로 인식하고 있는지 알아보았다.

**설문 항목_방언에 대한 인식(1)**

〈설문 2〉 다음에 제시한 문장에서 잘못된 부분을 찾아 고쳐주세요. 그리고 왜 잘못되었다고 생각하는지 이유를 작성해주세요.

① 학교에 갈려고 일찍 집을 나섰어요.
② 사무실에서 나갈 때 문을 꼭 잠궈 주세요.
③ 네 생각을 몰르기 때문에 말을 못 했어요.
④ 자전거에 부딪쳐서 멍이 들었어요.

여기에서 'ㄹ' 첨가와 관련하여 주의해서 살펴볼 항목은 ①, ③이다. ①은 용언 어간에 연결어미 '-(으)려고'가 결합되어 'ㄹ'이 첨가된 '갈려고', ③은 '르' 불규칙 어간에 'ㄹ'이 첨가된 '몰르기'가 비표준어형이므로 화자들이 이를 인식하고 있는지에 대해 살펴볼 수 있었다.

〈표 5〉 설문 2의 결과_ㄹ첨가형에 대한 방언 인식 결과

| | ① 갈려고 | ③ 몰르기 | ①, ③ 복수 응답 |
|---|---|---|---|
| 〈설문 2〉 | 27.3%(46/168)[5] | 100%(168/168)[6] | 25.6%(43/168)[7] |

---

5 여기서 ①을 선택한 비율은 ①만을 선택한 경우, ③이 아닌 다른 번호와 함께 ①을 복수 선택한 경우 모두를 합산한 것이다.

6 마찬가지로 ③을 선택한 비율은 ③만을 선택한 경우, ①이 아닌 다른 번호와 함께 ③을 복수 선택한 경우 모두를 합산한 것이다.

7 응답자들 대부분은 여러 번호를 복수 선택하였는데 그 중 4가지 모두를 잘못된 것으로 선택한 인원은 총 34명이었다. '①, ③ 복수 응답자'는 복수 응답자들 중 첫째, ①, ③만

이 설문 조사에서 ②, ④는 본 연구의 목적과는 관계없는 항목이었으므로 ①, ③의 응답자들을 중심으로 살펴보면 ①을 잘못되었다고 인식하는 비율은 27.3%, ③을 잘못되었다고 인식하는 비율은 100%, 두 경우 모두를 잘못되었다고 인식하는 비율은 25.6%였다. 연결어미 '-(으)려고'와 결합한 ①에서 'ㄹ'이 첨가되는 형태에 대한 인식이 '르' 불규칙 어간 ③에서 'ㄹ'이 첨가되는 형태에 대한 인식보다 현저히 낮은 것을 알 수 있다. 이는 같은 'ㄹ' 첨가형임에도 불구하고 연결어미 '-(으)려고'와 결합하는 환경인 ①이 더 일상적으로 빈번하게 사용되는 형태라는 추측을 가능하게 한다. 실제로 설문 조사 이후에 학생들에게 정답을 알려주는 시간을 가졌는데 이 때 많은 학생들이 ①의 '갈려고'가 잘못된 것이라는 지적에 대해 놀라워했다. 대부분의 학생들은 '갈려고, 할려고, 볼려고' 등과 같은 형태를 일상적으로 사용한다는 반응을 보였다.

인식에 대한 차이는 있지만 제보자들이 ①, ③의 형태를 잘못된 형태로 선택한 이유는 〈표 6〉과 같이 'ㄹ' 첨가형을 방언형으로 인식하기 때문임을 알 수 있다.

〈표 6〉 설문 2의 결과_ㄹ첨가형에 대한 언어 인식 결과

| A. 방언과 표준어로 인식 | B. 구어와 문어로 인식 |
|---|---|
| • 맞춤법에 어긋남<br>• 문법상 오류<br>• 문법적으로 맞지 않음<br>• 맞춤법 틀린 것 | • '갈려고'는 말하기 편하게 쓰는 것 잘못된 것은 아니라고 봄<br>• 말할 때의 편의 때문에 이렇게 쓴 것이지만 표준법상 맞지 않다 |

을 선택한 경우 둘째, 다른 번호와 함께 ①, ③을 선택한 경우 모두를 합산한 것이다.

| | |
|---|---|
| • 어법에 맞지 X<br>• 표준어가 아니라고 생각<br>• 그냥 틀린 것 같다 표준말은 아닌 것 같다<br>• 표준어가 아닌 사투리 그대로 사용<br>• 사투리같은 느낌<br>• 사투리로 인한 오자<br>• '몰르기'는 사투리<br>• 몰르기=방언<br>• 어색하다<br>• 그냥 틀린 것 같다<br>• 그냥. 나는 그렇게 사용해서<br>• 이유는 모르겠지만 '몰르기'란 단어는 없는 것 같다<br>• '모르기'라고 배웠기 때문<br>• 이어쓰기 할 수 있어서 '모르기'가 맞다고 생각함 | • '몰르기'라고 발음할 수는 있지만 '모르기'라는 표기가 더 정확하다<br>• 말할 때 그대로의 발음으로 씀<br>• 말은 하지만 쓸 때는 '모르기'라고 해야<br>• 종종 쓰긴 하지만 틀린 말<br>• 잘못된 건 '몰르기'지만 어색하진 않은 듯<br>• 방금 전에도 카톡에 저렇게 쓴 거 같은데 그래도 '몰르기'는 잘못된 표현인 것 같아요<br>• ㄹㄹ중복(발음이 어려움) |

화자들은 ①, ③의 'ㄹ' 첨가형을 잘못된 것이라고 인식하고 있었는데 그 이유는 크게 두 가지로 나누어 살펴볼 수 있다. A그룹과 같이 '첨가형 : 비첨가형 = 방언 : 표준어'로 인식하거나 B그룹과 같이 '첨가형 : 비첨가형 = 구어 : 문어'로 인식하였다. A그룹은 'ㄹ' 첨가형이 어법에 맞지 않고 맞춤법이 틀린 사투리(혹은 방언)로 표준어에 맞게 'ㄹ' 비첨가형으로 수정해야 한다는 이유를 들고 있다. B그룹은 'ㄹ' 첨가형은 말할 때는 사용할 수 있고 종종 그렇게 쓰기도 하지만 글을 쓸 때에는 표준어형으로 써야한다는 이유를 들고 있다. B그룹 제보자들 중에는 'ㄹ' 첨가형을 '잘못된 것은 아니다', '발음할 수는 있다', '어색하진 않다'와 같이 문어체에 어울리지는 않지만 'ㄹ'을 첨가한 '갈려고, 몰르기' 등을 잘못된 것이라고 할 수는 없다고 응답하였는데, 이를 통해 제보자들이 방언형으로 발음하는 자

신들의 구어에 대해 긍정적인 인식을 가지고 있음을 다시 한번 확인할 수 있었다.

마지막으로, 〈설문 3〉을 통해 대구지역 젊은 화자들이 스스로 방언이라고 인식하고 있는 'ㄹ' 첨가형을 어느 지역의 방언형으로 생각하는지를 알아보았다.

설문 항목_방언에 대한 인식(2)

〈설문 3〉 "머리 다 말르면 나가자"에서 '말르면', "볼려는 중인데"에서 '볼려면'은 어느 지역 방언이라고 생각하십니까?(복수 선택 가능)
① 서울·경기도 ② 충청도 ③ 강원도 ④ 경상도 ⑤ 전라도 ⑥ 제주도

123명의 응답자 중 119명이 'ㄹ' 첨가 현상을 경상도 방언일 것이라고 응답하였다. 이는 〈설문 1〉~〈설문 2〉를 통해 살펴본 것과 마찬가지로 제보자인 청년층이 'ㄹ' 첨가형을 '내가 평소에 쓰는 말'이라고 인식하고 있기 때문에 '내가 쓰는 방언'인 '경상도 방언'이라고 응답한 것으로 해석할 수 있다.

〈설문 1〉~〈설문 3〉을 통해 대구지역의 젊은 화자들은 그들 스스로가 비표준어형이자 방언형인 'ㄹ' 첨가형을 사용한다고 인식하고 있는 것을 확인할 수 있었고, 이는 이노우에 후미오의 신방언 조건을 모두 만족하는 결과로 볼 수 있다. 따라서 대구지역에서 젊은 세대를 중심으로 성장하고 있는 'ㄹ' 첨가형은 '신방언'으로 볼 수 있다.

배혜진(2016)에서도 지적하였듯이 젊은 세대를 중심으로 '신방언'이 나타날 수 있는 것은 방언에 대한 긍정적인 인식이 있어야 가능한 일이다.

젊은 세대의 방언 화자들은 일찍부터 표준어 교육을 받아왔고 다양한 매체의 영향으로 표준어에 노출되는 빈도도 높다. 특히 표준어 교육은 표준어 자체에 대한 강조와 함께 방언을 지양하는 방식으로 진행되어 왔다. 이는 교육과정별 교육목표를 통해서도 확인할 수 있다.

〈표 7〉 국어과 교육과정별 교육목표

| 교육과정 | 교육목표 |
|---|---|
| 1차~2차 | • 표준말에 주의하여 틀리는 점을 바로잡게 한다.(1차)<br>• 어법에 맞는 표준말을 쓰고, 속어와 사투리를 의식적으로 피할 수 있게 한다.(1차)<br>• 표준말과 비교하여 틀리는 점을 바로잡도록 한다.(2차)<br>• 속어, 사투리, 야비한 말을 의식적으로 피하게 한다.(2차) |
| 3차~5차 | • 표준말과 사투리를 구별하고 정확한 발음으로 말하기.(3차)<br>• 표준말과 사투리를 의식하며 말한다.(4차)<br>• 방언과 그 분포에 대하여 안다.(4차)<br>• 표준어와 방언을 비교해 보고, 표준어의 필요성에 관하여 이야기한다.(5차) |
| 6차~7차 | • 표준어와 방언을 비교하며 들어 보고, 필요한 경우에 표준어로 말하려는 태도를 가진다.(6차)<br>• 표준어와 방언에 따른 언어의 차이를 알고, 국어의 다양성을 효과적으로 활용한다.(6차)<br>• 표준어와 방언에 대하여 이해하고, 이를 상황에 따라 바르게 사용한다.(6차)<br>• 표준어와 방언의 개념을 안다.(7차)<br>• 상황에 따라 방언과 표준어를 구별해서 사용하려는 태도를 지닌다.(7차)<br>• 상황에 따라 표준 발음으로 말하려는 태도를 지닌다.(7차)<br>• 표준어와 비표준어를 구별하여 말한다.(7차)<br>• 표준어와 방언에 대하여 이해하고, 이를 상황에 따라 바르게 사용한다.(7차) |

1~2차 교육과정에서는 지역어를 '사투리'로 표현하고 있으며 '틀린 말, 피해야 할 말'로 인식하고 있다. 3~5차 교육과정에는 1~2차에 비해 지역어를 중립적이고 객관적인 대상으로 파악하고 있다. 6~7차는 지역어에 대해 조금 더 열린 자세를 취하고 있으나 '상황에 따라, 구별해서, 효과적 활용' 등에서 알 수 있듯이 그 자세가 소극적이다.

여전히 공적인 상황에서는 표준어, 사적인 상황에서는 방언을 사용해야 한다는 인식이 존재한다. 공적인 상황에서도 그들이 같은 방언권 화자들이라면 충분히 방언을 사용할 수 있고 사적인 상황이더라도 그들이 다양한 방언권 화자들이라면 표준어를 사용할 수 있다. 한국의 젊은 세대들이 사용하는 방언은 주로 억양에서만 큰 차이를 보일 뿐 표준어 교육으로 인해 음운이나 문법, 어휘에서는 큰 차이를 보이지 않는다. 그렇기 때문에 지금의 세대들에게 7차 교육과정에서 제시하는 '상황'에 따른 선택이라는 것은 큰 의미를 지니지 않을 수도 있다. 그럼에도 불구하고 1차 교육과정부터 지속적으로 이어져온 '표준어 : 방언'의 구분을 짓게 하는 교육 방식이 여전히 남아있다.

7차 교육과정에서도 방언 사용에 대한 적극적인 자세를 교과서에서 확인할 수는 없고, 표준어 교육은 여전히 진행되고 있다. 하지만, 교육과정이 변하는 과정 속에서 방언에 대한 접근 방식이 조금씩 달라지고 있고 매체를 통해 방언에 대한 긍정적 인식들이 확산되면서 각 지역의 방언들이 '신방언'으로 성장할 수 있는 가능성이 높아지고 있는 상황이다.

특히 젊은 세대들은 인터넷을 통한 다양한 사회적 관계망(SNS)으로 소통을 하고 있으며, 이러한 소통 과정에서 방언은 여러 효과를 목적으로 긍정적으로 사용되고 있다. 전병용(2003)은 대화방 언어 자료를 대상으로 방언 사용을 통신 언어 사용의 일부로 분석하고 그들의 방언 사용 특징을

네 가지로 정리했다. 첫째, 대화방 언어에서 방언 쓰임이 크게 늘었으며, 입말 중심의 대화방 언어에서 방언 사용이 자연스러운 현상이라고 보았다. 둘째, 화자의 방언적 배경과 무관하게 대화방에서 방언이 쓰였다. 방언권이 다른 상대방에게 친근함의 표시와 재미 유발을 목적으로 다양한 방언을 쓴다고 했다. 셋째, 각 방언에 대한 부정적 선입견에서 벗어나 긍정적 의미로 방언이 쓰이게 되면서 지역 감정을 극복할 수 있는 분위기 형성에 이바지하는 것으로 보았다. 넷째, 대화방에서의 방언 사용은 우리말에 재미를 더하고 다양한 언어를 흡수하는 계기로 삼을 수 있는 점에서 의미를 찾을 수 있다고 했다.

이러한 이유들로 인하여 젊은 세대에서는 방언에 대한 긍정적인 인식이 확산되고 그로 인해 방언이 평준화되어 '신방언'이 등장할 수 있었던 것이다. 방언에 대한 긍정적 인식은 교육과정보다는 구어적 표현이 빈번하게 사용되는 대중매체에 의해 이루어진다. 현대 사회는 다양한 매스 미디어들이 존재하고 이는 주로 젊은 세대를 중심으로 활용되고 있기 때문에 '신방언'을 성장시키는 개신자는 젊은 세대가 되는 것이다.

## 4. 대구지역 'ㄹ' 첨가 현상의 실현 양상

'ㄹ' 첨가 현상은 '르' 불규칙 활용에서 나타나기도 하고 연결어미 '-(으)려고'와 결합하는 과정에서 나타나기도 한다. 권경근(2011:17~18)은 '눌르잖아요'와 같은 'ㄹ' 첨가 현상을 용언의 활용을 일정하게 유지하려는 움직임으로 파악하면서 일상적인 구어에서는 패러다임을 단일화하려는 움직임이 나타나기도 한다고 해석하였다. 양순임(2011:216)은 '르' 불규칙 동사인 '모르다, 다르다'에서 'ㄹ'이 첨가되어 '몰르다, 달르다'로 실현되는 것은 '몰라, 달라'에서 유추된 현상으로 파악하기도 하였다. 김성옥(2016:81)은 앞의 두 연구가 '르' 불규칙 어간, 연결어미 '-(으)려고' 모두를 함께 설명하기는 어렵다고 지적하면서, 두 경우 모두 '(C)V$ㄹV(C)'의 환경에서 'ㄹ'이 첨가되어 '(C)Vㄹ$ㄹV(C)'으로 실현된다는 공통점이 있기 때문에 동일 범주의 현상으로 봐야한다고 주장하였다. 본고에서는 김성옥(2016)과 같은 관점으로 두 경우 모두 'ㄹ'이 수의적으로 첨가될 수 있는 환경이라고 보았다.

그렇다면 대구 지역어에서는 두 경우에 나타날 수 있는 'ㄹ' 첨가 현상이 어떠한 양상으로 실현되고 있는지 세대별로 나누어 살펴볼 필요가 있다.

### 4.1. '르' 불규칙 어간에서 나타나는 'ㄹ' 첨가 현상

먼저, '르' 불규칙 어간에서 나타나는 'ㄹ' 첨가 실현 양상을 세대별로 살펴보자. 『한국구비문학대계』와 2017년 60대 이상 노년층, 20대 청년층 화자들의 'ㄹ' 첨가 실현 양상은 아래와 같다.

(1) ㄱ. **『한국구비문학대계』**: 그런 말 있는지도 모리겠지만도(530), 사우 이거는 아무것도 모리거든(538), 아는 의원이 있는가 모리지만도(557), 모리만 저도 죽었는 사실이지만은(556), 아무것도 모리는 기 (572), 글 모리는 거 죽어야 되지(578), 어이 모리겠다(721), 이기 인자 마르이께네 몸이 조이가 아프다 이기라(539, 물이 마르다), 밥 배부리도록 실컨 묷제(515)

ㄴ. **노년층:** 가도 모리니까 그란다 아이가, 뭐시를 고르라꼬?, 질러바라 미 참하겠구마는, 또 몬 지르고 짤랐구마는, 누지른다 카지 누르라꼬는 잘 안 카지, 거 좀 누르마 안 낫나?, 집 닥이 다르제?, 바싹 말라야지 마를끼다, 마린 꼬추도 다 뚜아야 안 되나, 영감할마씨 맨날 천날 부르지만서도 몬 듣고, 이래저래 막 흐르마 안 된다이까네

ㄷ. **청년층:** 골르는 데 시간 진짜 오래 걸리거든요, 가격 보고 한 방에 골르지, 골르면 아니라카고, 골른다고 고민 중, 아무 거나 쫌 골르지 뭘 그렇게, 지가 골른다고 카데, 마음에 드는 거 골르면 되지, 머리를 길르고 싶은데, 맨날 길른다길른다캐놓고 못 하고, 외가댁서 길르고 놀았다아니가, 여기 눌르면 돼, 이건 눌르지 마, 눌르는 건 괜찮은데, 눌르겠지 당연히 왜 안 눌르겠노, 눌르겠지만 쫌 그만하면 좋겠다, 실수로 삭제 눌름, 완전 잘못 눌름, 맛은 사람들마다 달른데요, 어떻게 달를 수가 있지, 우째 그래 달르지, 신기하다 진짜 달른 거 보면, 말른 레몬을 갈아요, 저 놔뚜면 말르겠지, 날씨 이런데 말를까?, 몰르면서 아는 척 한다니까, 몰라요 몰릅니다 적혔다, 몰른다고 진짜, 아니 이게 주파순 줄 몰르고, 진짜 잘 몰르겠는데, 근데 또 우째 바뀔지 몰르겠어요, 이건 진짜 몰르겠다 정말, 잘 몰르겠어서요, 약 발르라고 하던데, 끝까지 발르라고는 카던데, 거긴 발르면 안 되지, 완전 배불르다, 빵빵하이 배불르겠다, 배불르게 먹자, 배 불르도록 묹지, 속도가 쫌 빨른가?, 빨르자고 바꾸는 건데, 대박 진짜 빨름, 완전 잘 불름, 대박 잘 불르더라,

별명 불르지 쫌 말고, 또 그거 불르겠지, 아직 ppt는 쫌 서툴르니깐, 계속 어질르잖아, 어질르기만 하고 진짜, 고마 어질르도록!, 해달라고 쫄르고 떼쓰고, 당연히 졸르겠지, 그렇게 머리 쫌 짤르라고, 짤르라고 몇 번이나 그랬는데, 막 칼로 찔르고 총 쏘고 그런거죠 뭐, 얼른 추슬르고 힘내자, 그거 그래 흘르면 안 되는 건데, 완전 흘르더라 거품약은

(1. ㄱ)은 1980년대 대구지역에서 거주한 60대 이상의 노년층을 상대로 구술 자료를 모은 『한국구비문학대계』에서 찾은 용례이고 (1. ㄴ)은 2017년 대구지역에 거주하고 있는 60대 이상의 노년층의 발화이다. (1. ㄱ)~(1. ㄴ)을 통해 대구지역의 토박이 화자인 노년층 화자들은 '르' 불규칙 어간에서 'ㄹ'을 첨가하는 사례가 거의 없는 것을 확인할 수 있다. 이는 『2005~2012 권역별 지역어 조사 결과 보고서』에 담긴 전사 자료를 분석한 이은선(2014:41)과도 일치하는데, 이 연구 결과에 따르면 '르' 불규칙 어간의 'ㄹ' 첨가형인 '/Xㄹ르-/' 교체형은 '충남(68.3%) > 충북(61%) > 경기(53.7%) > 전북(51.2%) > 강원(46.3%) > 제주(41.5%) > 전남(39%) > 경북(7.3%) > 경남(2.4%)' 순으로 나타났다. 이를 통해 경북은 'ㄹ' 첨가형으로 실현되는 빈도가 매우 낮음을 알 수 있는데, 경북방언의 하위 방언권으로 볼 수 있는 대구 지역어에서도 노년층 화자들을 중심으로 'ㄹ' 첨가형이 실현되는 빈도가 매우 낮음을 확인할 수 있었다.

(1. ㄷ)은 '신방언' 사용자라고 할 수 있는 대구지역 청년층의 발화로 〈표준국어대사전〉에 등재된 '르' 불규칙 용언 중 '고르다, 기르다, 누르다, 다르다, 마르다, 모르다, 바르다, 부르다, 서투르다, 서투르다, 어지르다, 조르다, 자르다, 찌르다, 추스르다, 흐르다'에서 'ㄹ' 첨가형이 실현되는 것

을 확인할 수 있다. 3음절 용언 어간보다는 2음절 용언 어간에서 'ㄹ' 첨가형이 더 많이 나타났다. 노년층 화자들의 발화에서는 'ㄹ' 첨가형을 찾아보기 어려웠다는 점과 비교해본다면 대구지역의 젊은 화자들을 중심으로 '르' 불규칙 어간의 'ㄹ' 첨가형이 실현되는 것을 확인할 수 있다. 이은선(2014:36)에서는 'X르-' 어간의 교체 양상을 아래와 같이 네 가지 유형으로 나누었다.

〈표 8〉 'X르-' 어간의 교체 유형

| | Ⅰ유형 | Ⅱ유형 | Ⅲ유형 | Ⅳ유형 |
|---|---|---|---|---|
| 자음 어미 앞 | /X르-/ | /X르-/ | /X르-/~/Xㄹ르-/ | /Xㄹ르-/ |
| 모음 어미 앞 | /Xㄹ/ | /Xㄹㄹ-/ | /Xㄹㄹ-/ | /Xㄹㄹ-/ |

I 유형은 규칙 활용에 속하는 어휘들이 해당되고 II 유형은 불규칙 활용에 속하는 어휘들이 해당된다. III 유형은 모음 어미 앞에서는 II 유형과 같으나 자음 어미 앞에서 /X르-/와 /Xㄹ르-/형이 모두 나타나 수의적인 교체를 보인다는 차이점이 있다. IV 유형은 모음 어미 앞에서는 II, III 유형과 같으나 자음 어미 앞에서 /Xㄹ르-/형으로만 나타난다는 차이점이 있다.

'르' 불규칙 어간은 모음 어미 앞에서는 '몰라'와 같이 /Xㄹㄹ-/형으로 실현되고 자음 어미 앞에서는 '모르고'와 같이 /X르-/형으로 실현되어 II 유형으로 볼 수 있다. 'ㄹ'이 수의적으로 첨가되면 자음 어미 앞에서 '모르고~몰르고'가 수의적으로 교체하는 III 유형으로 실현된다. 하지만 'ㄹ' 첨가가 수의적이지 않고 'ㄹ' 말음 용언 어간에 한해 /Xㄹ르-/로 어간 재구

조화가 될 경우 '몰르고'와 같은 'ㄹ' 첨가형만이 나타나는 IV 유형으로 변화할 수도 있다.

자음 어미 앞에서 '르' 불규칙 어간은 'ㄹ'이 첨가되기도 하는데 대구지역 노년층 화자들은 'ㄹ' 불규칙 어간에서 'ㄹ'을 첨가하지 않는 II 유형으로 나타난 데 비해 청년층 화자들은 'ㄹ'이 수의적으로 첨가되는 III 유형으로 나타났다. '르' 불규칙 어간에서의 'ㄹ' 첨가는 대구지역의 젊은 세대를 중심으로 '신방언'으로 성장하고 있으며 이 음운 현상의 생산성이 높아져 확산될 경우 IV 유형으로 변화할 가능성도 있다. 하지만 본 연구의 결과를 통해서는 그 결과를 예측하거나 단정할 수 없다. 이것이 바로 장기적인 관점으로 '신방언'을 연구해야 하는 이유이다.

그렇다면, 왜 젊은 세대를 중심으로 '르' 불규칙 어간에서 'ㄹ' 첨가형이 확산되고 있는 것일까? 'ㄹ' 첨가형은 경상도 방언의 일반적인 특성에서 벗어나는 음운 현상이다. 경상도 방언은 '집에 갈까?, 밥 먹을까'를 '집에 가까?, 밥 무까'와 같이 'ㄹ'이나 음절 일부를 탈락시키는 것이 일반적이다. 또한 'ㄹ'을 첨가하게 되면 발음상 수고로움이 배가 되기 때문에 경제적이지도 않다. 그렇다면 젊은 세대를 중심으로 성장하고 있는 'ㄹ' 첨가형은 언어외적 동기로 인해 나타난다고 추측할 수 있다. 이를 알아보기 위하여 〈설문 4〉를 통해 'ㄹ' 첨가형에 대한 젊은 세대의 언어 인식을 조사해보았다.

설문 항목_ㄹ첨가형에 대한 청년층의 언어 인식(1)

〈설문 4〉 ①~②는 실수로 교수님께 물을 쏟은 실수담에 대한 이야기를 친구에게 하는 상황입니다. ①~②로 대답할 때 어떤 어감(뉘앙스) 차이가 있는지 작성해주세요.

① (실수로 교수님께 물을 쏟은 이야기를 친구에게 하면서) 내가 잘 몰르고 그런 거긴 하지만…

② (실수로 교수님께 물을 쏟은 이야기를 친구에게 하면서) 내가 잘 모르고 그런 거긴 하지만

〈설문 4〉의 질문은 표준어형 '모르고'의 'ㄹ' 첨가형 '몰르고'와 비첨가형 '모르고'의 어감차이를 알아보기 위한 것이었다. 123명 중 14명을 제외하고는 모두 '큰 차이가 없다'라고 응답하였다. 어감 차이가 있다고 응답한 14명의 제보자들은 아래와 같은 이유를 제시하였다.

〈표 9〉 설문 4의 결과

| | ① '몰르고' | ② '모르고' |
|---|---|---|
| 'ㄹ'첨가형과 비첨가형의 차이를 설명한 경우 | • 친한 지인에게 말하는 느낌 | • 그냥 주변인에게 설명하는 느낌 |
| | • 귀여운 척으로 자신의 실수를 모면하려함 | • 변명하는 느낌 |
| | • 사투리, 억울함 | • 평범한 |
| | • 투정, 애교의 느낌 | • 반박에 더 초점 |
| | • '몰르고'라고 해서 죄송함의 뉘앙스를 상쇄시키는 것 같다 | • 어찌됐건 간에 핑계를 대는 것 같다 |

| | • 뻘쭘해하는 뉘앙스, 입 안에서 말을 웅얼거릴 때 '모르다'가 '몰르다'로 발음되기도 하는 경험이 있어서 | • 두 가지 다 역접인 '하지만'이 있는데 ②는 ①에 비해 자신의 실수라고는 생각하지만 다른 생각도 있어 보인다 |
|---|---|---|
| | • 정말 많이 미안하다 | • 핑계 |
| | • 서울 친구 | • 나 |
| | • 변명, 억울 | • 차분한 느낌 |
| | • 어감 거침 | • 부드러움 |
| 'ㄹ'첨가형에 대해서만 설명한 경우 | • ①이 좀 더 어린 사람이 말하는 듯한 어감<br>• ①이 진짜 모르고 한 행동인 것 같다<br>• ①은 진짜 몰라서 실수한 것 같음<br>• '몰르고'라고 말하는 게 자연스러운 것 같다 | |

종합해보면 '모르고'를 사용했을 때보다 첨가형인 '몰르고'를 사용할 때 실수한 상황에 대한 더 강한 감정이 드러난다고 할 수 있다. 〈설문 4〉의 상황에서는 실수에 대한 미안함, 억울함 등의 감정을 느끼게 되는데 이러한 감정을 말로써 상대방에게 전달하거나 표현할 때 '몰르고'와 같이 'ㄹ' 첨가형을 사용함으로써 표현을 강조할 수 있다. 반면, '모르고'는 자신이 저지른 실수이지만 좀 더 차분하고 객관적으로 설명하거나 실수한 것에 대해 핑계를 대면서 반박하는 듯한 느낌이 있다고 응답했다. 이를 통해 'ㄹ' 첨가형을 사용함으로써 감정 표현의 강조나 극대화 효과를 가질 수 있음을 알 수 있다. 하지만 이들을 제외한 89%의 제보자들은 말투에 큰 차이를 느끼지 못하였기 때문에 'ㄹ' 첨가형은 어감에 따른 큰 의미 차이 없이 일상에서 빈번하게 자주 사용되는 말투라는 것을 알 수 있다.

### 4.2. 연결어미 '-(으)려고'와의 결합에서 나타나는 'ㄹ' 첨가 현상

다음으로 용언 어간에 연결어미 '-(으)려고'가 결합하는 경우에 나타나는 'ㄹ' 첨가 실현 양상을 세대별로 살펴보자. 『한국구비문학대계』와 2017년 60대 이상 노년층, 20대 청년층 화자들의 'ㄹ' 첨가 실현 양상은 아래와 같다.

(2) ㄱ. **『한국구비문학대계』**: 내삐리고 <u>올라</u> 카는기 뒤따라 오는동(68), 그러이 <u>갈라</u> 카니(515), 니도 처가 한번 <u>갈라</u> 카마(535), 안 <u>갈라</u> 카마 임마한데 맞겠재(707), 기어이 안 <u>니리올라</u> 카는 기라(708), 주당을 마 대번 머 잡아 <u>묵을라꼬</u> 말이지(517), 글 공부를 <u>시길라</u> 카이께네(518), 저 서울 과거 <u>비일라꼬</u> 자꾸 간다 캐샀는다(519), 사우 <u>볼라꼬</u> 고래가주고 인자(520), 하 사우 <u>볼라꼬</u> 인재 <u>뽑을라꼬</u> 그래 했는 기라(521), 올개 새경 얼매 <u>줄라</u> 카더노?(523), 암만 <u>줄라</u> 캅디다(523), 그대로 넘 <u>줄라</u> 카는대로 주꾸마(523), 그걸로 모리고 참 <u>식일라꼬</u> 했는 기(575), 한침이라도 더 <u>볼라꼬</u> 저래 기다리(541), 쪼매라도 좀 그 하도록 해 <u>줄라꼬</u>(545), 그 주정뱅이가 인자 집에서 <u>묵을라</u> 카이(551), 그 병세 그걸 모리면 그건 모가지 <u>날라</u> 갔뿌는 기라 인자(555), 인자 뱃놈의 행사 이거 <u>없앨라꼬</u>(567), 생전에 그런 짓 안하던 기 어사를 <u>할라</u>카이 되나(337), 그 뭐 <u>할라</u> 카노?(570), 그러이까 너는 글 <u>배울라꼬</u> 마음도 묵지 마라(578), 하이구 그 내가 오빠 <u>만낼라고</u>(673), 사람을 <u>쥑일라</u> 카이께(336), 기어이 <u>죽일라꼬</u> 떡 카는기라(665), 인자 인자

또 조질라고 달라드는데(702), 지금 여자 덮칠라고 잠이 안오고(704), 우리가 죽을라 카나 살라 카나(706), 지금 죽을라 카는데(717), 이러이 밥을 물라꼬(720)

ㄴ. **노년층:** 이거 물라꼬 무뿌라, 새끼들 먹일라꼬 안 굶길라고, 억지로 안 믹일라카지, 오야 고마 갈라칸다, 그래가 갈라카는데도 몬 가구로 하고, 인자라도 배울라꼬 댕기본다, 아이고 마 쥑일라꼬 베랐다 참말로, 니 볼라고 안 있나, 그래가 뭐할라 카노?, 노상 아를 이거 시키고 저거 시기고 내 시길라고 안달이다, 나락 갑(값)을 더 받을라꼬 난리였지, 쪼매 떨어지마 또 웃 해달라 카고, 밥 잘 채릴라꼬 그라는 건데, 얼마 줄라 카드노?

ㄷ. **청년층:** 어느새 커서 걸을려고 하고, 지금 갈려구요, 저 먼저 가볼려구요, 누구한테 보일려고 그래, 꼭 잘 보일려고 그러는 건 아니잖아요, 맨날 누구한테 잘 보일려고 바르는데 그래요, 꼭 보일려고 바르는 건 아니잖아요, 너 보여줄려그랬는데, 내꺼 보여줄려구, 안 떨어질려고 해도, 후딱 돌아갈려고, 인제 할려구요, 그래도 제가 할려구요 해볼려구요, 네 그럴려구요, 이제 지하철 탈려구요, 넘 말라서 계속 먹일려구요, 버스 갈아탈려구요, 카톡 볼려면 멀었다, 카톡 볼라면 멀었다, 지금 잘려구요, 재울려다가 허리만 아프다, 연락할랬는데 먼저 메일을 척, 메일로 보낼라 그랬는데, 매일 보낼라고, 원하는 게 있으면 가질러 가질 않구, 가만 냅둘려구요, 쫌만 기달려줘요, 잠

시만 기달려, 일주일 기달려야 된다는 거지, 잘라고 엎혀있어서, 언제까지 기달려요, 올라올라고 올라간다 카더라, 이거라도 시킬려구 일부러 그랬는데, 걔네들도 좀 시킬려구요, 찜닭 시킬려구?, 비가 올려나보네, 그렇지 않을려면, 열심히 할려는 의욕은 보이는데, 그냥 여기 있을려구요, 두 번 죽일려고 하네~ 인제 갈라카는데 왜?, 언제 커가 걸을라카고, 잠깐 가볼라고, 누구한테 보일라고 발라, 누구한테 잘 보일라고?, 교수한테 잘 보일라고, 엄마한테 보여줄라고 전화했었어, 안 떨어질라하고 비 올라카나?, 거 버티고 있을라고 내가

(2.ㄱ)은 1980년대 대구지역에서 거주한 60대 이상의 노년층을 상대로 구술 자료를 모은 『한국구비문학대계』에서 찾은 용례이고, (2.ㄴ)은 2017년 대구지역에 거주하고 있는 60대 이상의 노년층의 발화인데 '-(으)려고'형이 나타나지 않았다. '-ㄹ라고'형은 표준어의 '-(으)려고'의 쓰임과 일치하는데, 노년층 화자들은 표준어형인 '-(으)려고'를 사용하지 않고 '-ㄹ라고, ㄹ라꼬, -ㄹ라'형을 사용하는 것을 확인할 수 있었다. '-ㄹ라고'형은 이 자체가 하나의 어미로 사용되고 있기 때문에 'ㄹ' 첨가형으로 볼 수는 없다. 그렇다면 대구지역의 노년층 화자들은 연결어미 '-(으)려고' 환경이라는 전제 자체가 성립되지 않기 때문에 'ㄹ'이 첨가되지 않는 것으로 볼 수 있다.

(2.ㄷ)은 '신방언' 사용자라고 할 수 있는 대구지역 청년층의 발화로 노년층 화자들과 달리 표준형 '-(으)려고'를 사용하는 빈도가 높으며, 이때 'ㄹ' 첨가형이 실현되는 것을 알 수 있다. 또한 노년층 화자들과 마찬가지로 이 지역에서 표준형인 '-(으)려고'를 대신해서 사용되었던 '-ㄹ라고'형

도 쓰이고 있음을 확인할 수 있다.

'르' 불규칙 어간과 연결어미 '-(으)려고'에서 나타나는 'ㄹ' 첨가 현상의 실현 양상을 대구지역의 노년층, 청년층 화자들로 나누어 살펴보았고, 그 결과를 간단하게 보이면 아래와 같다.

〈표 10〉 ㄹ첨가 현상의 세대별 실현 양상

| | 청년층 | 노년층 |
|---|---|---|
| '르' 불규칙 어간 | /X르-/~/Xㄹ르-/ | /X르-/ |
| 연결어미 '-(으)려고 | /-(으)려고/~/-(으)ㄹ려고/<br>/-ㄹ라고/ | -<br>/-ㄹ라고/ |

대구지역의 노년층에서는 두 경우 모두에서 'ㄹ' 첨가형이 나타나지 않았는데, 이는 'ㄹ' 첨가형이 이 지역어의 전형적인 방언형이 아니라는 것을 의미한다. 반면, 대구지역의 청년층에서는 두 경우 모두에서 'ㄹ' 첨가형이 수의적으로 나타났다. 이는 같은 지역의 전형적인 방언 화자인 노년층에서는 나타나지 않았던 음운 현상이며, 방언 평준화로 인해 'ㄹ' 첨가형이 대구지역의 젊은 세대를 중심으로 '신방언'으로 확산되고 있다는 것을 의미한다.

그렇다면, 왜 젊은 세대를 중심으로 연결어미 '-(으)려고'에서 'ㄹ' 첨가형이 확산되고 있는 것일까? 이에 대한 언어외적 동기를 찾아보기 위하여 〈설문 5〉를 통해 'ㄹ' 첨가형에 대한 젊은 세대의 언어 인식을 조사해보았다.

설문 항목_ㄹ첨가형에 대한 청년층의 언어 인식(2)

〈설문 5〉 ①~③은 개강파티에 가자는 친구의 말에 대답한 것입니다. ①~③으로 대답할 때 어떤 어감(뉘앙스) 차이가 있는지 작성해주세요.

① (친구가 개강파티 가자고 권유한 후 대답으로) 과제 때문에 얼른 집에 갈려고…

② (친구가 개강파티 가자고 권유한 후 대답으로) 과제 때문에 일찍 집에 갈라고…

③ (친구가 개강파티 가자고 권유한 후 대답으로) 과제 때문에 지금 집에 가려고…

〈설문 5〉의 질문은 표준어형인 '가려고', 'ㄹ' 첨가형 '갈려고', '－ㄹ라고' 형인 '갈라고'의 어감 차이를 알아보기 위한 것이었다. 123명 중 7명을 제외하고는 모두 '큰 차이가 없다'라고 응답하였다. 어감 차이가 있다고 응답한 7명의 제보자들은 아래와 같은 이유를 제시하였다.

(3) • ③의 경우 어색한 사람에게 말하는 느낌
• '가려고'라고 하면 부드러운 뉘앙스로 보인다
• ①, ③은 형식적인 것 같고 ②는 진짜 과제 때문인 것 같음
• ①에서 ③으로 갈수록 과제에 대해 생각하는 나의 중요도(성)이 떨어지는 것 같다
• ①공손한 느낌? 공손한 거절 ②의지의 어감 ③그냥 그럼
• ①이 완곡한 의미
• ③이 가장 정돈된 느낌이다

(3)을 통해 첨가형인 '갈려고'는 공손하고 완곡한 거절의 어감이라면 비

첨가형인 '가려고'는 형식적이고 어색해서 거절의 의지가 약해보이는 차이가 있다고 할 수 있겠다. 이를 통해 'ㄹ' 첨가형을 사용함으로써 '공손, 완곡'의 효과를 가질 수 있음을 알 수 있다. 하지만 이들을 제외한 94%의 제보자들은 말투에 큰 차이를 느끼지 못하였기 때문에 'ㄹ' 첨가형이 특정한 어감을 표현하기 위해 사용되는 것이 아니라 첨가형, 비첨가형과 관계없이 빈번하게 자주 사용되는 '일상적인' 말투라는 것을 알 수 있다.

배혜진(2016)에서는 '오→우' 고모음화 실현형을 대구지역의 '신방언'으로 볼 수 있다고 하면서 젊은 세대들의 언어 인식을 확인해보았는데 그 결과 [+공손, 친절]이라는 언어적 효과를 위해 사용한다는 것을 알 수 있었다. 마찬가지로 대구지역 신방언 화자들은 '르' 불규칙 어간에서 나타나는 'ㄹ' 첨가형은 감정 표현의 강조나 극대화 효과를 위해, '-(으)려고'에서 나타나는 'ㄹ' 첨가형은 [+공손, 친절]의 상황에서 사용하고 있지만 '오→우' 고모음화와는 달리 그에 대한 인식률이 낮다. 이는 신방언이 성장의 초기 단계에 있을 때에는 특정 상황이나 언어적 효과를 위해 쓰이다가 그 사용역이 넓어지게 되면 초기의 목적이 아닌 일상적인 상황에서도 빈번하게 사용되는 것으로 해석할 수 있다.

조희진(2007:51)은 서울을 배경으로 하는 2000년 이후에 개봉된 영화 10편의 대화에서 나타난 음운 현상을 찾고 그 빈도를 조사하였는데, 그에 따르면 'ㄹ' 첨가 현상이 77.25%로 두 번째로 높은 빈도로 나타났다. 준구어에 해당하는 영화가 연구 대상이기는 하지만 비교적 구어에 가까운 자료들에서 'ㄹ' 첨가 현상이 높은 비율로 실현되었다는 것은 'ㄹ' 첨가 현상이 구어에서 생산성 높은 음운 현상이라고 할 수 있다. 이와 비슷한 결과는 문어에서도 확인할 수 있다.

구어에서는 다양하게 나타나는 형태들이 문어에서는 규범에 의해 단일한 형태로 나타날 수 있다. 하지만 'ㄹ' 첨가 현상의 경우 문어에서도 빈번하게 사용된다.

(4) 문어에서 발견되는 ㄹ첨가 현상의 사례

ㄱ. **사적인 영역의 문어_'르' 불규칙 어간**: 안 먹다보니 말른 게 눈에 확 보이기도 하고, 참기름 듬뿍 발른 김밥이, 전동차 직접 발른거구요, 연락주시면 빨른 답변 드려요, 제가 좀 어질르는 스타일이라, 펼쳐놓고 어질르고 사는 사람이라, 얼마라도 올른 지금 팔고, 다 자르고 뺑져가지고 다 잘른 거 맞냐고, 오물 찌끄러기 모 흘른 얼룩, 티셔츠에 묻어 흘른 자국이 잇는데

ㄴ. **사적인 영역의 문어_연결어미 '-(으)려고'**: 저녁은 이제 안 먹을려고 해요, 저녁에 맥주랑 먹을려고 했는데, 빨리 익혀서 먹을려고, 여행갈려고 샀는데, 교환하러 갈려고 하는데, 소와과 갈려고 하는데, 사들고 갈려고 햇더니, 이따가 볼려고 하는데, 많은 정보 볼려고 가입했어요, 산의 전경을 볼려고, 소아과 가볼려고 하는데, 몇 군데 방문해볼려고 합니다, 기타 배워볼려고 입문용으로 샀었고

ㄷ. **공적인 영역의 문어**: 잘 길름 받아가지고 아빠 나올 날만 기다리고 있다고 합니다.(크리스천투데이, 2015. 08. 31.), 니꼬동제련은 계약 이후 보통 2개월 뒤에 납품이 이뤄져 이익의 환원이 빨름에도 외환관련 평가손실 때문에 실적 변동성이 컸다는 설명이다.(한국경제, 2011. 12. 27.), 노원은 중소형 면적에

실수요자가 이어지면서 올름세가 나타난 것으로 분석됐다. 신도시는 △산본(0.14%) △평촌(0.13%) △중동(0.08%) △일산(0.06%) △분당(0.04%) △김포한강(0.02%) 순으로 상승했고(이투데이, 2015. 07. 11.), 최고 35도까지 올르는 폭염경보가 내려진 21일. 광주 중외공원을 찾은 탐방단의 입에서 나온 감탄의 소리다.(광주드림, 2017. 06. 23.), 카메라 역시 다양한 구도를 보여주며 지루하지 않은 화면을 이어가고 빠른 전개 속에서도 적절한 편집을 통해 흘름이 끊어지는 느낌을 주지 않는다.(시크뉴스, 2016. 12. 09.)

(4.ㄱ)~(4.ㄴ)은 대구, 경산지역 20~40대 여성들의 커뮤니티 게시판에서 찾은 용례인데 '르' 불규칙 어간과 연결어미 '-(으)려고' 모두에서 'ㄹ' 첨가형으로 실현된 것을 알 수 있다. (4.ㄷ)은 인터넷 신문 기사에서 찾은 용례인데 '르' 불규칙 어간에서만 'ㄹ' 첨가형을 찾을 수 있었다. 개인의 메시지나 SNS와 같은 사적인 영역의 문어는 구어의 영향을 많이 받기 때문에 'ㄹ' 첨가 현상이 빈번하게 나타날 수 있었다. 하지만 이들과 달리 (4.ㄷ)은 구어의 영향을 비교적 적게 받고 규범적인 언어 사용을 지향하는 인터넷 '기사'인데도 불구하고 비표준어형인 'ㄹ' 첨가형이 나타났다. 규범지향적이고 공적인 영역의 문어에서 첨가형이 나타난다는 것은 구어에서의 'ㄹ' 첨가는 더욱 일상적으로 빈번하게 나타나는 현상임을 알 수 있게 해주며, 이것이 'ㄹ' 첨가형의 '신방언'으로서의 성장 가능성을 보여주는 것이라 생각된다.

## 5. 결론

'신방언(new dialect)'은 같은 방언권에 있지만 토박이 화자들이 사용하던 말과 차이가 있는 방언형으로 상대적으로 젊은 세대를 중심으로 새롭게 성장하는 방언을 일컫는다. 전통 방언학 연구의 주요 제보자는 NORM(Non-mobile Old Rural Male)이었고 그들의 언어가 곧 그 지역의 대표성을 띠는 방언으로 인식되었다. 그러나 급격한 사회 변화로 인하여 토박이 노년층 화자들의 순수 방언형들이 젊은 세대로 이어져 내려오지 못하고 있으며 일찍부터 시작되는 표준어 교육으로 인해 전통 방언학에서 순수 방언은 소멸되는 모습을 보이고 있다. 이러한 측면에서 '신방언'은 앞으로의 언어 변화를 주도해갈 젊은 세대의 언어를 연구하는 새로운 방법론이 될 수 있을 것이다.

본고에서는 대구 지역어의 'ㄹ' 첨가 현상이 '신방언'으로서 실현되고 있음을 확인하고 이를 밝히는 데에 있으며, 2장에서는 이를 위해 수행한 연구 방법론에 대해 서술하였다. 3장에서는 'ㄹ' 첨가 현상이 '신방언'으로서의 조건을 갖추고 있는지를 확인하기 위해 대구에서 생장한 123명의 20대 청년층을 대상으로 언어 인식 설문조사를 실시하였다. 그 결과 대구지역의 젊은 세대들은 'ㄹ' 첨가형이 비표준형의 방언형이며 그들 스스로가 개신자임을 인식하고 있었다. 신방언으로서의 성장이 가능해진 것은 개신자인 젊은 세대들이 다양한 사회적 관계망(SNS)을 통해 소통하는 것에 익숙하고 이러한 소통 매체에서 여러 가지 효과를 위해 지역어들을 긍정적으로 사용하고 있기 때문이다.

4장에서는 '르' 불규칙 어간, 연결어미 '-(으)려고'에서 나타나는 'ㄹ' 첨가 현상의 세대별 실현 양상을 살펴보기 위해 청년층과 노년층으로 나누어 각각 22명의 제보자들을 대상으로 구어 발화를 조사하였다. '르' 불규칙 어간에서 나타나는 'ㄹ' 첨가형은 청년층의 발화에서만 확인 가능하였으며 이들은 감정 표현의 강조나 극대화 효과를 위해 사용하였다. 연결어미 '-(으)려고'와의 결합에서 나타나는 'ㄹ' 첨가형 역시 청년층의 발화에서만 확인 가능하였으며 이들은 [+공손, 친철]의 표현 효과를 위해 사용하였다. 그러나 설문조사 결과 'ㄹ' 첨가형과 비첨가형의 이러한 어감 차이에 대한 인식률은 매우 낮은 편이었다. 이는 'ㄹ' 첨가 현상이 특정 상황이나 언어적 효과를 위해 사용되는 신방언의 초기 단계를 넘어 그 사용역을 넓혀 특별한 목적 없이 일상에서 빈번하게 사용하는 신방언의 성장 단계에 있음을 의미한다고 할 수 있다.

'신방언'은 긴 시간 천천히 진행되는 언어 변화의 한 부분이다. 그렇기 때문에 '신방언'에 대한 연구는 공시적인 세대별 변이를 통해 신방언으로서의 '가능성'을 확인하고 오랜 기간 관찰을 통해 신중하게 진행되어야 할 것이다. 세대별 변이를 통해 공시적으로 확인한 신방언으로서의 'ㄹ' 첨가 현상이 언어 변화 속에서 성장할 수도 있고 소멸할 수도 있으므로 꾸준한 관찰을 통한 후속 연구가 진행되어야 할 것이다.

## 참고자료


강희숙(1996), 「장흥 방언의 모음조화」, 『언어학』 4, 대한언어학회, 1−24쪽.

권경근(2011), 「구어의 음운 현상 연구」, 『우리말연구』 28, 우리말학회, 5−23쪽.

김덕호(2001), 『경북방언의 지리언어학』, 월인.

김성옥(2016), 「수의적 첨가현상에 대한 상위화용론적 분석」, 『언어와 문화』 12, 한국언어문화교육학회, 79−102쪽.

박선우(2002), 「현대국어 '르'불규칙 활용에 대한 고찰」, 『한말연구』 10, 한말연구학회, 23−41쪽.

배혜진(2016), 「대구지역의 '신방언' 실현 양상 연구 − '오→우' 고모음화를 중심으로」, 『방언학』 24, 한국방언학회, 129−152쪽.

양순임(2011), 『학교 문법의 이해 말소리』, 월인.

오새내(2007), 「수도권 지역어 연구에서 신방언 개념 도입의 필요성」, 『한국어학』 36, 한국어학회, 165−193쪽.

이기문(1972), 『개정판 국어사 개설』, 탑출판사.

이길재(2007), 「비표준 규범의 수용 양상과 사회적 의미 − 전북대학교 학생을 중심으로」, 『한국언어문학』 60, 한국언어문학회, 83−112쪽.

이노우에 후미오, 강인선 옮김(2005), 『일본어 관찰하기』, 박이정.

이노우에 후미오, 김덕호·김순임·양민호·안미애 옮김(2015), 『경제언어학』, 역락.

이노우에 후미오, 양민호 역(2017), 「말의 사회적 전파와 방언 구획 형성」, 『방언학』 25, 한국방언학회, 247−291쪽.

이노우에 후미오, 정해열 번역(2003), 「일본어의 시장가치」, 계명대학교 국제학대학원 일본어통번역학 석사학위 논문(번역).

이은선(2014), 「'르' 말음 용언 어간 교체의 특징 연구 −지역어 구술 발화 자료를 대상으로」, 『국어문학』 57, 국어문학회, 31−54쪽.

이재호(2014), 「현대국어 르 불규칙 용언의 수의적 ㄹ 첨가 현상 연구」, 고려대학교 석사학위논문.

이정복(2007), 「인터넷 통신 언어에서 보이는 방언 사용의 성별 차이」, 『어문학』 97, 한국어문학회, 63−96쪽.

전병용(2003), 「통신 언어의 방언 양상에 대한 연구−대화방 언어를 중심으로」, 『개신어문연구』 20, 221−246쪽.

조희진(2007), 「구어에서의 용언활용 변이 양상: 음운 현상을 중심으로」, 홍익대학교 교육대학원 석사학위논문.

한국정신문화연구원(2002), 『한국구비문학대계7-14: 경상북도 달성군편』, 한국정신문화연구원

한성우(2012), 「방언과 표준어 의식」, 『방언학』 16, 방언학회, 383-407쪽.

한수정(2014), 「불규칙 용언의 활용형 연구」, 부산대학교 박사학위논문.

井上史雄(2000), 『日本語の値段』, 大修館書店.

井上史雄(2017), 「ことばの社会的伝播と方言区画形成」, 『방언학』 25, 한국방언학회, 201-246쪽.

Allen, H. B.(1973), The Linguistic Atlas of the Upper Midwest, University of Minnesota Press.

Labov, W.(1972), Sociolinguistic Patterns, Philadelphia: The University of Pennsylvania Press.

Trudgill, Peter.(2004), New-Dialect Formation: The Inevitability of Colonial Englishes.

Wardhaugh, R.(1986), An Introduction to Sociolinguistics, Blackwell.

# 2부

# 대구 지역어의 세대별 음운 현상

# 1장

# 어두경음화

이 장에서는 대구지역에서 나타나는 어두경음화 현상을 사회언어학적 방법에 따라 '세대, 성별, 사회계층, 말투별'로 나누어 조사・분석하였다. 나아가 선행 연구들과의 비교를 통해 대구지역 어두경음화의 특징을 고찰하였다.

# 어두경음화

## 1. 서론

지리적 요인은 한 언어 내에서 지역 방언의 분화를 촉진하는 핵심적인 변수로 작용하며, 언어 변이 현상을 설명하는 데 중요한 역할을 한다. 그러나 지리적 요인은 서로 다른 지역 방언 간의 변이를 설명하는 데는 유용하지만, 동일한 지역 방언 내에서 발생하는 언어 변이 현상을 온전히 설명하기에는 한계가 있다. 동일한 지역 방언의 경우 지리적 요인이 고정적이기 때문이다. 따라서 한정된 지역 내에서 발생하는 언어 변이 현상을 심층적으로 고찰하기 위해서는 지리적 요인 외에 사회적 요인에 주목할 필요가 있다. 특정 지역 내에서 언어 변이에 영향을 미치는 추가적인 요인으로는 연령, 성별, 사회계층, 발화 양식(말투) 등이 있으며, 이러한 다양한 사회적 요인과의 상관관계를 통해 언어 변이의 원인과 양상을 규명하는 것이 사회언어학의 기본적인 접근 방식이다.

동일 지역 내 언어 변이 현상 중 특히 주목받아 온 사례 중 하나는 '공짜~꽁짜, 볶다~뽂다, 바나나~빠나나'와 같은 어두경음화 현상이다. 어두경음화 현상은 역사적으로 이미 후기중세국어 시기에 진행된 것으로, 현대에 이르러서도 지속적으로 적용 영역을 넓혀 가고 있는 것으로 판단된다. 小倉進平(1944)의 자료를 분석한 성양빈(1972)의 연구에서는 전라지역과 경상지역이 어두경음화의 밀도가 가장 높다고 하였으며, 김형규(1974)에서도 小倉進平(1944)의 자료에 비하여 강음화(强音化) 현상이 진행 중에 있으며 경상지역과 전라지역에서 빈번하게 실현된다고 하였다. 그런데 어두경음화는 단순히 지리적 요인에 의한 확대뿐만 아니라 동일 지역 내에서도 화자 개인의 특성이나 다른 사회적 요인에 따라 확산되는 양상이 쉽게 관찰된다. 사회언어학적인 방법론이 국어 연구에 도입된 초기부터 어두경음화 현상이 주목을 받은 이유도 이러한 배경과 깊은 관련이 있을 것이다.

어두경음화 현상에 대해 사회적인 요인을 고려하여 고찰한 연구로는 이미재(1989ㄱ, ㄴ), 김규남(1998), 강희숙(2002), 김유권(2004), 이상녀(2006), 박정자(2007), 전혜숙(2008) 등이 있다. 이들 연구에서는 사회계층, 연령, 성별, 말투 등의 요인에 따라 동일 언어 사회 내에서 실현되는 어두경음화의 역동성을 보여주었다. 본 연구에서는 대구지역의 어두경음화 현상이 세대, 성별, 사회계층, 말투 등의 요인에 따라 어떻게 실현되는지 고찰하는 것을 목적으로 한다. 나아가 어두경음화 현상의 역동성과 방향성을 확인하는 데에 그치지 않고, 기존의 연구 결과와 비교하여 그 차이를 해석하는 데에도 중점을 둔다.

## 2. 연구방법

본 연구에서는 제보자 선정에 있어서 판정 추출법(judgement sampling)을 이용하였다. 판정 조건은 대구지역에서 출생하여 성장한 사람으로 설정하였고, 연령과 성별, 사회계층 등을 고려하여 72명의 표본을 추출하였다. 사회언어학에서는 다양한 사회학적 변이를 고려하여 해당 지역의 언어적 특징을 대표할 수 있는 표본을 추출한다. 본 연구에서도 사회학적 변이를 고려하여 72명의 표본을 추출하였다.

72명의 표본으로 대구지역의 언어적 특징을 완벽하게 보여줄 수는 없을 것이다. 그러나 일반적으로 사회언어학적인 연구에서는 표본의 정확도만 보장된다면, 표본의 크기는 그리 문제가 되지 않는다. 실제로 Trudgill(1974)에서는 60명의 제보자로 노리치(Norwich)시의 언어 현상을 분석하였으며, 강희숙(2002)에서도 광주광역시에서 출생해서 성장한 사람이라 조건을 토대로 64명의 표본으로 논의를 전개하였다. 본고에서 추출한 표본의 크기 역시 일반적인 사회언어학적 연구의 방법론을 따른 것이다. 제보자의 세대별, 성별, 인원 구성은 〈표 1〉과 같다.

〈표 1〉 제보자

| 세대 | | 10대 | 20대 | 30대 | 40대 | 50대 | 60대 이상 |
|---|---|---|---|---|---|---|---|
| 연령 | | 10세 ~19세 | 20세 ~29세 | 30세 ~39세 | 40세 ~49세 | 50세 ~59세 | 60세 이상 |
| 성별 | 남 | 6 | 6 | 6 | 6 | 6 | 6 |
| | 여 | 6 | 6 | 6 | 6 | 6 | 6 |

세대는 10대에서 60대 이상까지 6단계로 구분하였다. 사회학적 도시방언(sociological urban dialectology)에서는 연령을 청소년층(20세 미만), 장년층(20세~40세), 중년층(41세~60세), 노년층(61세 이상)으로 구분하기도 하지만 본고에서는 이를 더 세분화하여 각 세대별로 구분하였다. 대구지역의 기본통계[1]에 따르면 2005년 기준, 30대(30세~39세)에서 혼인율이 급격히 높아지는 특징을 보이고, 40대(40세~49세)의 인구 구성 비율이 가장 높은 특징을 보인다. 그리고 50대(50세~59세)에는 취업률이 급격히 낮아지는 특징을 보이며, 60대 이상(60세 이상)에는 인구 구성 비율이 가장 낮은 특징을 보인다. 이와 같이 각 세대마다 혼인율, 취업률, 인구 구성 비율 등에서 고유한 특징이 나타나기 때문에 각 세대로 세분화하여 살펴보는 것이 다양한 변인을 고려한 연구가 될 수 있을 것이다.

성별은 남성과 여성으로 구분하였으며, 사회계층은 직업과 학력을 기준으로 하여 4개의 군(群)으로 구분하였다. 대구지역의 직업별 인구 비율은 2008년 기준으로 3차 산업이 59.4%, 2차 산업이 38.9%, 1차 산업이 1.6%로 구성되어 있다. 이에 따르면 대구지역은 도시의 경제 구조 중에서 서비스 산업의 비중이 높은 소비 도시의 성격을 띤다고 할 수 있다.

강희숙(2002:541~542)에서는 Macaulay(1976)에서 제시된 직업 구분을 참고로 하여 광주광역시의 사회 계층을 구분한 바 있다. 광주광역시 역시 3차 산업비율이 높은 소비 도시로 대구와 성격이 유사하다고 판단하여 직업 분류는 강희숙(2002)의 분류법을 참고하였고 학력 기준에 대해서는 이주행(1999:53~54)의 분류법을 참고하여 〈표 2〉와 같이 분류하였다.

---

1 '대구기본통계'는 시 전반에 걸쳐 19개 분야 300여 개 항목에 대한 기본통계를 수록한 것으로 시 정책수립 및 지방행정 연구의 기초자료로 활용하고 있으며, 대구통계(stat.daegu.go.kr)에서 통계자료를 열람할 수 있다.

〈표 2〉 직업 및 학력 분류와 점수

| 점수 | 직업 | 세부유형 |
|---|---|---|
| 5 | 전문, 기술, 행정 관리직 | 교수, 의사, 변호사, 고위공무원, 대기업 간부 등 |
| 4 | 준전문직, 사무직 | 교사, 연구원, 대학 조교 및 학원강사, 중견 공무원, 행정직원 등 |
| 3 | 서비스, 판매직, 농업(부농) | 상인, 미용사, 여가 서비스 종사자, 소매 판매원, 부농 등 |
| 2 | 기능, 기계조작, 단순노무직, 농업(영세농) | 식당종업원, 미화원, 경비원, 소작농 등 |
| 1 | 무직 | |

| | 학력 |
|---|---|
| 7 | 대학원 졸업 |
| 6 | 4년제 대학 졸업 |
| 5 | 전문대 졸업 |
| 4 | 고등학교 졸업 |
| 3 | 중학교 졸업 |
| 2 | 초등학교 졸업 |
| 1 | 무학 |

정지자(1983:42~43)에서는 아동의 언어 능력은 어머니의 대화 형태, 어머니의 학력, 아버지의 직업 순으로 영향을 받는다고 하였다. 따라서 본고에서는 아직 직업을 가지지 못한 10대, 20대의 사회계층을 아버지의 직업과 어머니의 학력으로 구분하였다.[2] 주부는 본인의 학력과 남편의 직업으로 사회계층을 구분하였다. 이러한 분류 기준으로 직업과 학력에 따라

2 10대, 20대의 사회계층에 대해서는 이견의 여지가 존재한다. 왜냐하면 10대, 20대는 또래집단이라는 강한 유대의식을 갖고 있어, 별도의 사회계층으로 파악해야 할 가능성이 있기 때문이다. 그러나 부모 세대의 경제력이나 수입 정도에 따라 이들이 상이한 계층에 소속될 가능성 역시 큰 것이 사실이다. 일반적인 사회언어학적 분석에서는 이들의 사회계층에 대하여 부모 세대에 기대어 파악한 논의가 다수 존재한다. 윤경희(2009:21~25)에서는 사회적 계층에 영향을 끼치는 요소로 주거지 환경, 경제력, 교육 정도, 직업의 전문성을 들었다. 이 논의에서는 청소년의 경우 부모님의 교육 정도, 부모님 직업의 전문성을 기준으로 하였는데, 윗세대의 직업과 학력은 자녀에게 제공되는 성장의 배경이 되므로 아래 세대의 계층이 결정될 수 있다고 보았기 때문이다. 박정자(2007:15~17)에서도 아버지의 직업과 어머니의 학력을 사회계층의 준거 기준으로 삼았다.

각각 5~1점, 7~1점을 부여하였으며, 부여된 점수의 합에 따라 4개의 계층으로 분류하였다. 분류된 계층의 점수와 인원을 제시하면 다음 〈표 3〉과 같다.

〈표 3〉 사회계층 분류

| 계층 | 점수범위 | 해당인원 | 계층 |
|---|---|---|---|
| Ⅰ군 | 8~10 | 16명 | 상류 |
| Ⅱ군 | 7 | 19명 | ↑ |
| Ⅲ군 | 5~6 | 14명 | ↓ |
| Ⅳ군 | 3~4 | 23명 | 하류 |

한편 말투 요인에 따른 어두경음화의 차이를 알아보기 위해 '대답 유도 → 이야기 만들기 → 문장 읽기 → 단어 읽기'의 순서로 조사를 진행하였다. 일상 말투(Casual Style)를 조사하기 위해 대답 유도형과 이야기 만들기 방법을 이용하였으며, 격식 말투(Formal Style)를 조사하기 위해서는 일반적으로 사용하는 문장 읽기, 단어 읽기 방법을 이용하였다. 대답 유도를 제외한 나머지 말투 단계는 문자로 표기된 형태를 보여주고 응답형을 얻는 방법이기 때문에 표기법의 영향을 받을 가능성이 있다. 따라서 표기법을 접하기 전에 대답 유도를 통해 최대한 자연스러운 발화를 조사하고자 하였다.

어두경음화의 조사 항목으로 삼은 어휘는 총 30개로 체언, 용언, 외래어로 구분하고 어두 자음에 따라 구분하였다.

〈표 4〉 조사 어휘 항목

| 어두음 | 체언 | 용언 | 외래어 |
|---|---|---|---|
| ㄱ | 과자 | (머리를) 감다 | 가스 |
| | 공짜 | (머리를) 긁다 | 게임 |
| ㄷ | 동그라미 | 다듬다 | 댐 |
| | 두꺼비 | 당기다 | 더빙 |
| ㅂ | 번데기 | 볶다 | 바나나 |
| | 병아리 | 부수다 | 버스 |
| ㅅ | 소나기 | 섞다 | 사우나 |
| | 시래기 | (힘이) 세다 | 선글라스 |
| ㅈ | 장아찌 | 자르다 | 잼 |
| | 족집게 | 좁다 | 점프 |

어두경음화가 실현되는 환경은 체언, 용언, 외래어인데 선행 연구들에서는 주로 체언과 외래어에 집중하여 조사가 진행되었다. 그러나 '세다~쎄다, 좁다~쫍다, 섞다~썩다'와 같이 용언에서는 평음과 경음의 대립에 의해 화자가 묘사하는 대상의 물리적 세기 또는 화자의 감정의 정도를 묘사하기 때문에 용언에서 나타나는 어두경음화에 대한 조사도 반드시 필요하다. 그러므로 본 연구에서는 체언, 용언, 외래어 어휘들의 비율을 동일하게 배치하였다.

조사는 2010년 4월 25일부터 6월 6일까지 이루어졌으며, 자연스러운 분위기 형성을 위해 녹음 사실을 숨긴 채 조사를 진행하였다. '소나기'의 경우 '소낙비', '동그라미'의 경우 '동글배이'와 같은 변이형들이 나타났는데, 본고에서는 어두경음화에 초점을 두었기 때문에 이러한 변이형 출현은 무시한 채 어두경음화의 실현 여부만을 판단하였다.

# 3. 사회적 요인별 어두경음화

## 3.1. 세대별 어두경음화

30개의 어휘를 말투에 따라 4번씩 발화하게 하여 제보자 한 사람 당 120회의 응답을 얻었다. 이를 토대로 세대별 어두경음화의 실현 비율을 산출하였고, 조사 결과를 정리하여 제시하면 〈표 5〉와 같다.

〈표 5〉 세대별 어두경음화 실현 비율

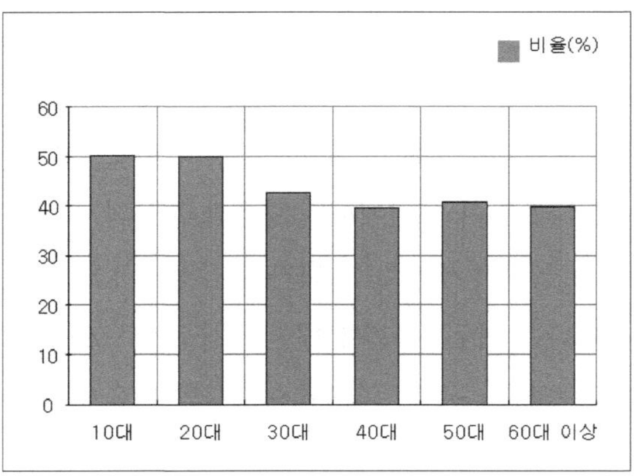


| 세대 | 비율(%) |
|---|---|
| 10대 | 50.28% |
| 20대 | 49.86% |
| 30대 | 42.57% |
| 40대 | 39.48% |
| 50대 | 40.73% |
| 60대 이상 | 39.86% |

조사 결과 10대의 어두경음화 비율이 50.28%로 가장 높았다. 20대의 어두경음화 비율은 49.86%로 10대와 큰 차이를 보이지 않았다. 30대는

10대~20대와 7% 정도의 차이를 보인다. 40대~60대 이상에서는 어두경음화 비율이 40% 정도인데 각 세대별 빈도의 차이가 크지는 않다. 따라서 어두경음화는 실현의 정도가 연령에 따라 큰 차이를 보이지는 않았지만 연령이 낮을수록 실현의 정도가 높아지고 있음을 알 수 있다. 이익섭(2007:252)에서는 노년층은 대체로 젊은 시절에 익힌 언어 습관을 늙어서도 그대로 유지하여 젊은 층에서 일어나는 언어의 개신을 받아들이지 않아 세대 간에 언어차가 생기며 이 현상이 자리를 잡아 언어의 변화를 일으킨다고 하였다. 결국 대구지역에서 어두경음화 현상은 노년층이 아닌 젊은 10대~20대의 청년층을 중심으로 진행 중인 언어 변화임을 알 수 있다.

이처럼 청년층에서의 어두경음화가 노년층보다 높은 비율로 실현되는 양상은 대구지역에서만 확인되는 것은 아니다.

(1) 가. 청소년층 > 노년층: 이미재(1989ㄱ, ㄴ), 김유권(2000), 이상녀(2006), 전혜숙(2008)

나. 청소년층 < 노년층: 강희숙(2002)

(1.가)와 같이 경기도 화성에서의 이미재(1989ㄱ, ㄴ), 서울에서의 김유권(2000), 강원도 동해안에서의 이상녀(2006), 전혜숙(2008)의 논의 모두 청소년층의 어두경음화 비율이 노년층의 비율보다 높다고 보고하였다.

그러나 (1.나)와 같이 광주의 어두경음화를 고찰한 강희숙(2002)에서는 노년층의 어두경음화 비율이 청소년층에 비하여 높게 실현된다고 보고하였다. 강희숙(2002)에서는 이러한 현상을 '어두경음화의 쇠퇴'로 명명하고, '표준어의 차용에 의한 개신형의 유입'이라는 개신형의 침투가 청소년층에서 일어난 데에 그 원인이 있는 것으로 파악하였다. 강희숙

(2002:559)에서 지적한 바와 같이 광주지역에서도 '또 다른 어두경음화가 청소년층에서 일어나고 있음'을 확인할 수 있다. 청소년층이 어두경음화와 관련하여 표준어형의 개신을 적극적으로 수용하는 세대인지, 그렇지 않으면 비표준어형의 개신을 적극적으로 주도하는 세대인지는 (1.나)와 같이 해석이 달라질 수 있다. 본 조사에서는 대구지역의 어두경음화 변이를 주도하는 세대는 10대와 20대인 청소년층으로 드러났다.

한편, 어휘의 종류에 따라 어두경음화의 실현 비율과 경향이 다양함을 확인할 수 있었다. 개별 어휘에 따라 어두경음화가 고르게 실현되는 경우가 있었는가 하면, 특정 세대에 집중되어 실현 비율이 높게 나타난 경우도 있었다. 이러한 역동성과 다양성은 진행 중인 언어 변화는 개별 어휘에 따라 달리 일어난다는 Wang(1969)의 어휘 확산 가설로 이해할 수 있다.

(2) 가. 번데기, 족집게, 볶다, 가스, 게임, 댐, 잼

나. 과자, 공짜, 동그라미, 병아리, 소나기, 다듬다, 당기다, 부수다, 자르다, 좁다

(2.가)의 어휘는 모든 세대에 걸쳐 어두경음화가 큰 차이 없이 50% 이상의 높은 실현율을 보이는 경우이다. 대체로 어두경음화가 상당히 진척된 어휘로 판단할 수 있다. 특히 외래어인 '가스, 게임, 댐, 잼'은 전 세대에 걸쳐 60% 이상의 높은 실현 비율을 보여, 외래어의 어두경음화 비율이 높다는 사실을 확인할 수 있다. 반면 (2.나)는 모든 세대에서 어두경음화의 실현 비율이 40% 이하로 나타난 어휘이다. 특히 '과자, 당기다, 병아리, 동그라미, 다듬다'의 어휘는 어두경음화가 일어난 어형의 실현 비율이 10%대 초중반에 머물고 있어, 이들 어휘는 어두경음화의 영향을 받기 시

작한 것이 그리 오래되지 않았다고 판단된다.

(3) 가. 과자, 공짜, 쉬다, 세다, 가스, 게임, 댐, 더빙, 버스, 사우나, 선글라스, 잼, 점프

나. 두꺼비, 감다, 긁다, 다듬다, 당기다

(3.가)는 어두경음화의 실현 비율이 대체로 '청소년층 > 중년층 > 노년층'의 순서로 실현되는 양상이 뚜렷한 어휘들이다. 특히 외래어의 경우 '바나나'를 제외하면 모든 조사 대상 어휘들이 이러한 순서로 실현 비율을 보이고 있다. 그러나 모든 어휘가 이러한 양상을 보이는 것은 아니다. (3.나)와 같이 '청소년층 < 중년층 < 노년층'의 순서로 실현되는 어휘도 존재한다. 예를 들어 '두꺼비'의 경우 10대에서는 어두경음화가 전혀 실현되지 않다가 30대에서부터 어두경음화가 눈에 띄게 증가하여 40대~60대 이상에서는 50% 이상 실현된다. 그러나 이러한 순서의 비율을 보이는 어휘의 수는 조사 항목 내에서 그리 많지 않았다.

(4) 시래기, 쉬다, (힘이) 세다, 사우나

한편 (4)와 같은 어휘는 특정 세대에서의 실현 비율이 급격하게 바뀌는 어휘이다. '시래기'의 경우 50대~60대 이상에서 급격히 어두경음화 실현율이 낮아진다. '쉬다'의 경우 10대~50대까지 50% 이상의 비율로 어두경음화가 실현되다가 60대 이상에서 급격히 낮아진다. '(힘이) 세다'의 경우 10대~30대까지 50% 이상의 비율로 어두경음화가 실현되다가 40대~60대 이상에서 급격히 낮게 실현되는데 특히 60대 이상에서 가장 낮게

실현된다. '사우나'의 경우 10대~30대에서 50% 이상의 비율로 어두경음화가 실현되다가 40대부터 낮아지며 60대 이상에서 가장 낮게 실현된다.

(4)는 어두경음화의 대상이 되는 음이 'ㅅ'이라는 공통점을 가지고 있다. 배주채(1995:47)에서는 'ㅅ'과 'ㅆ'이 변별되지 않는 지역이 경상방언에 존재하며, 대체로 낙동강의 본류를 경계로 하여 그 동부의 경남북 지역에 전설마찰음으로 'ㅅ'만 존재한다고 하였다. 어두경음화에서도 높은 연령층으로 갈수록 'ㅅ'과 'ㅆ'의 변별이 사라져 '시래기, 섞다, (힘이) 세다, 사우나'와 같이 'ㅅ'을 어두음으로 가지는 어휘에서 어두경음화의 실현이 점점 낮아지는 것을 확인하였다. 예를 들어 '쌀'이라는 어휘에 대해 40대부터 '쌀'과 '살'을 변별하지 못하였으며 60대 이상의 화자들은 거의 대부분이 '쌀'을 '살'로 발음하는 것을 확인하였다. 반면 10대로 갈수록 'ㅅ'과 'ㅆ'의 변별이 명확히 이루어졌고, 그 결과 어두 자음이 'ㅅ'인 어휘는 40대 이상보다 10~30대에서 더 높은 비율로 어두경음화가 실현되는 것을 확인할 수 있었다.

〈표 6〉 어휘별 세대별 어두경음화 실현 양상

| | 어휘 | 10대 | 20대 | 30대 | 40대 | 50대 | 60대 |
|---|---|---|---|---|---|---|---|
| 체언 | 과자 | 35.42% | 22.92% | 16.67% | 4.17% | 8.34% | 8.34% |
| | 공짜 | 39.58% | 35.42% | 8.34% | 14.58% | 10.42% | 15.63% |
| | 동그라미 | 10.42% | 20.83% | 6.25% | 6.25% | 20.83% | 16.67% |
| | 두꺼비 | 0% | 8.34% | 29.17% | 52.08% | 66.67% | 68.75% |
| | 번데기 | 58.33% | 56.25% | 56.25% | 59.38% | 52.08% | 60.42% |

| | | | | | | | |
|---|---|---|---|---|---|---|---|
| 체언 | 병아리 | 3.16% | 18.75% | 12.5% | 8.34% | 21.88% | 16.67% |
| | 소나기 | 14.58% | 18.75% | 27.08% | 16.67% | 10.42% | 14.58% |
| | 시래기 | 37.5% | 60.42% | 45.83% | 33.33% | 3.13% | 12.5% |
| | 장아찌 | 29.17% | 33.33% | 39.58% | 41.67% | 50% | 41.67% |
| | 족집게 | 79.17% | 62.5% | 68.75% | 60.42% | 75% | 78.13% |
| 용언 | (머리를) 감다 | 45.83% | 25% | 16.67% | 26.04% | 50% | 64.58% |
| | (머리를) 긁다 | 33.33% | 30.21% | 20.83% | 29.17% | 39.58% | 52.08% |
| | 다듬다 | 2.08% | 0% | 0% | 7.29% | 22.92% | 35.42% |
| | 당기다 | 10.42% | 18.75% | 10.42% | 10.42% | 12.5% | 31.25% |
| | 볶다 | 58.33% | 52.08% | 52.08% | 56.25% | 79.17% | 81.25% |
| | 부수다 | 16.67% | 14.58% | 8.34% | 29.17% | 12.5% | 16.67% |
| | 섞다 | 83.33% | 83.33% | 79.17% | 62.5% | 50% | 25% |
| | (힘이) 세다 | 91.67% | 81.25% | 79.17% | 40.63% | 22.92% | 18.75% |
| | 자르다 | 34.38% | 33.33% | 10.42% | 10.42% | 13.54% | 20.83% |
| | 좁다 | 33.33% | 40.63% | 25% | 12.5% | 29.17% | 33.33% |
| 외래어 | 가스 | 89.58% | 81.25% | 64.58% | 79.17% | 72.92% | 81.25% |
| | 게임 | 91.67% | 91.67% | 85.42% | 85.42% | 89.58% | 87.5% |
| | 댐 | 81.25% | 83.33% | 66.67% | 70.83% | 63.54% | 63.54% |
| | 더빙 | 45.83% | 47.92% | 31.25% | 34.38% | 19.79% | 12.5% |
| | 바나나 | 33.33% | 39.58% | 22.92% | 27.08% | 33.33% | 54.17% |
| | 버스 | 77.08% | 83.33% | 75% | 70.83% | 58.33% | 46.88% |

| 외래어 | 사우나 | 100% | 91.67% | 75% | 30.21% | 41.67% | 16.67% |
|---|---|---|---|---|---|---|---|
| | 선글라스 | 97.92% | 95.83% | 89.58% | 66.67% | 60.42% | 43.75% |
| | 잼 | 87.5% | 77.08% | 81.25% | 68.75% | 61.46% | 62.5% |
| | 점프 | 93.75% | 87.5% | 79.17% | 69.79% | 43.75% | 14.58% |

〈표 6〉은 조사 대상 어휘의 어두경음화 실현 비율을 모든 세대에 따라 제시한 것인데, 조사대상 어휘를 '체언, 용언, 외래어'로 나누어 어두경음화 실현율을 살펴보면 외래어가 가장 높다는 것을 알 수 있다.

〈표 7〉 어휘 종류별 어두경음화 실현 비율

| | 체언 | 용언 | 외래어 |
|---|---|---|---|
| 비율(%) | 31.74% | 34.77% | 64.44% |

〈표 7〉에서 제시된 어휘 종류별 어두경음화 실현 비율을 살펴보면, 외래어(64.44%)가 체언(31.74%)이나 용언(34.77%)에 비해 현저히 높은 어두경음화 실현율을 보인다는 점이 특징적이다. 이는 외래어가 한국어 음운 체계에 편입되는 과정에서 어두경음화가 활발하게 적용될 수 있음을 의미하며, 이러한 결과는 한국어의 어두경음화가 단순히 음운론적 환경뿐만 아니라 어휘의 유형과도 밀접한 관련이 있어, 향후 어두경음화 연구에서 어휘 유형별 접근이 필요함을 시사한다.

## 3.2. 성별 어두경음화

성별에 따른 어두경음화 현상을 고찰한 이미재(1989ㄱ, ㄴ), 김유권(2000), 강희숙(2002), 이상녀(2006) 등의 연구에서는 남성이 여성보다 어두경음화의 실현 비율이 높다고 보고하였다. 예를 들어 이미재(1989ㄱ)에서는 우리나라에서 어두경음화된 발음은 여성보다 남성에게서 더 많이 나타나며, 그 중에서도 중하류층, 청소년 남성에게서 많이 나타난다고 하였다. 그 이유는 어두경음화함으로써 공공연하지는 않지만 은밀하게 남성성과 권위를 표현할 수 있기 때문이라고 보았다. 한편 정반대의 연구 결과도 존재한다. 전혜숙(2008:255~258)에서는 여성의 어두경음화 비율이 높다는 결과를 제시하면서, 이러한 결과에 대해 현대의 여성은 좀 더 강해지려는 의지가 있기 때문으로 해석하였다.

그런데 대구지역 화자들을 대상으로 어두경음화를 조사한 결과 전 세대에 걸쳐 남성보다 여성에게서 높은 실현율을 보였다. 연령별로 성별 어두경음화를 비교해 보면 다음 〈표 8〉과 같다.

〈표 8〉 성별 어두경음화 실현 비율

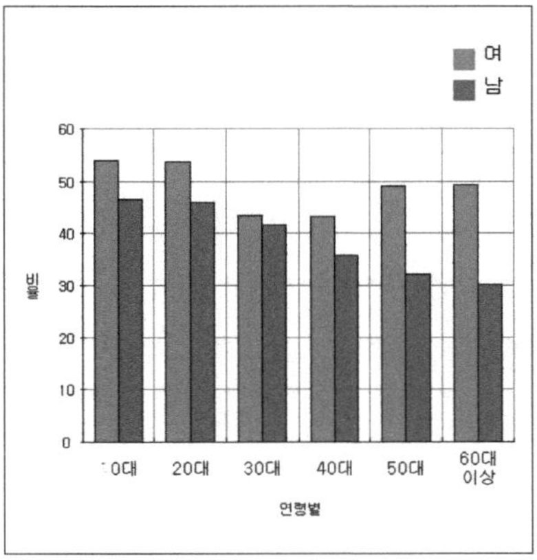


| | 여성 | 남성 |
|---|---|---|
| 10대 | 54.03% | 46.53% |
| 20대 | 53.80% | 45.90% |
| 30대 | 43.47% | 41.67% |
| 40대 | 43.26% | 35.70% |
| 50대 | 49.24% | 32.22% |
| 60대 이상 | 49.44% | 30.28% |
| 평균 | 48.88% | 38.72% |

대구지역 어두경음화는 전 세대에 걸쳐 여성에게서 일관되게 높게 나타나며 특히 10대~20대 제보자들에게서 높은 비율로 실현된다. 30대의 화자들에게서는 여성과 남성의 실현 비율 차이가 극히 적다고 할 수 있으나, 여타의 세대에서는 상당한 정도의 차이가 발생한다. 특히 50대와 60대에 이르면 그 차이가 무려 20%에 육박할 정도로 벌어진다. 따라서 대구지역에서는 젊은 여성층을 중심으로 어두경음화가 활발하게 실현되는 언어 변이를 겪고 있다고 볼 수 있다.

일반적으로 여성이 남성에 비해 표준어형을 더 많이 구사하는 것으로 알려져 있기에(Labov1972, Chambers&Trudgill1980, 이익섭2007), 〈표8〉과 같은 분석 결과는 전혜숙(2008)을 제외한 여타의 연구 결과와 배치되는 듯 보인다. 그러나 본고에서 주목하는 바는 표준형과 비표준형 자체에 있는 것이 아니라, 개신을 주도하는 '성별'에 있다. '여성의 표준어 지향 경향'을 뒷받침하는 연구들은 대부분 표준어형으로 바뀌는 언어 개신이 진행 중인 변이 현상을 다룬 것이었다. 이러한 변이 현상에서 변화를 이끄는 개신의 주체들은 여성이었다. Chambers&Trudgill(1980:170~171)에서 소개한 아일랜드의 벨파스트(Belfast)에서 이루어진 'mother, pull' 등의 발음에 대한 개신의 경우를 보더라도 표준어형으로 바꾸는 개신의 주체는 여성이었다. 한편 노르웨이의 트론드하임(Trondheim)에서 이루어진 비표준어형으로의 언어 개신을 이끈 주체 또한 여성이었다(Chambers&Trudgill 1980:100).

앞서 살펴본 바와 같이 어두경음화 현상은, 적어도 후기중세국어 이후 시기부터 수 세기 동안 지속적으로 이루어진 변화로 현재도 진행 과정에 있다고 할 수 있다. 〈표8〉을 통해 대구지역에서의 어두경음화 현상 역시, 청소년층에서의 실현 비율이 높다는 점에서 변화가 진행 중에 있음을 확인할 수 있다. 또한 이러한 어두경음화 현상의 개신자는 성별 요인으로 따져 볼 때 여성임을 확인할 수 있다.

여타의 음운 현상, 예를 들어 '움라우트'나 'ㄱ-구개음화, ㅎ-구개음화' 등은 언어 개신이 '비표준형→표준형'의 방향이라 할 수 있다. 즉, 해당 지역에서 표준어형으로의 언어 개신이 일어나 표준어형을 상대적으로 더 많이 사용하게 되는데, 그 개신자는 여성으로 여성이 '사회적 지위'에 더 민감하다고 할 수 있다. 그러나 어두경음화는 언어 개신이 '표준어형→비표준어형'의 방향이라는 데에 차이가 있다. 따라서 〈표8〉의 결과는 대구지역에서는 언어 개신의 주체로서 '남성'보다 '여성'이 결정적 역할을 한다는 점에서 지지될 수 있다. 주로 중앙어에서 활발하게 진행되고 있는 확산적인 변이 중에서 '먹고→먹구', '같아→같어'와 같은 '-고→-구', '-아→-어'의 변화는 주로 20대 여성에게서 관찰된다. 이러한 언어 변화 역시 '표준어형→비표준어형'의 개신자가 여성임을 확인할 수 있는 현상이다. 이러한 예는 개신자로서 여성의 역할에 대한 방증이 될 것이다.

한편, 〈표8〉에서 10대~20대 여성에서 높은 비율로 실현되던 어두경음화가 30대~40대 여성에서 주춤하다가 다시 50대 이상에서 높아지는 이유는 무엇일까? 본 연구에 참여한 제보자들은 10대 여성의 경우 고등학생, 20대 여성의 경우 미취업 대학생, 30대~40대 여성의 경우 취업자, 50대~60대 이상의 경우 직장을 그만둔 미취업자가 대부분이었다. 10대~20대는 또래 집단으로부터 중요한 사회적 압력을 많이 받는 연령층으로, 언어적으로 표준어의 영향이 상대적으로 약하기 때문에 어두경음화 현상이 높게 나타난다고 볼 수 있다. 이익섭(2007:254)에서도 사회적으로 나쁜 말이라고 지탄받는 말을 가장 많이 쓰는 시기는 청소년기라고 하였다. 통계청의 경제 활동 참가율과 비교한다면, 대구지역 30대~40대 여성들의 사회활동이 높은 것을 알 수 있다. 30대~40대 여성은 직업을 가지면서 사회 접촉이 많아지고 활동 무대가 커지면서 사회·경제적으로 활발하게 활동하면서 표준어의 영향을 더 많이 받게 된다고 볼 수 있다. 이러한 이유로 30대~40대 여성이 10대~20대 여성보다 어두경음화가 상대적으로 약하게 실현되는 방향으로 변한다고 볼 수 있다. 50대~60대 이상 여성은 직장을 그만 둔 사람이 대부분이었는데, 사회활동의 중단으로 인해 사회적 압력으로부터 비교적 자유로워지면서 다시 어두경음화 현상이 증가한다고 볼 수 있다.

### 3.3. 사회계층별 어두경음화

2장에서 제시한 계층별 분류 기준에 따라 산출된 점수로 4개의 계층으로 분류하고, 각 계층별 어두경음화 실현 비율을 살펴보면 〈표 9〉와 같다.

〈표 9〉 사회계층별 어두경음화 실현 비율

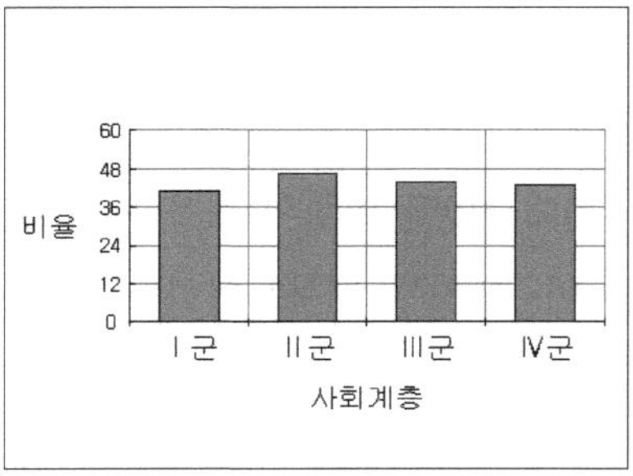


| | 점수범위 | 해당인원 | 비율(%) |
|---|---|---|---|
| Ⅰ군 | 8~10 | 16명 | 40.89% |
| Ⅱ군 | 7 | 19명 | 46.58% |
| Ⅲ군 | 5~6 | 14명 | 44.01% |
| Ⅳ군 | 3~4 | 23명 | 43.13% |

〈표 9〉에 따르면 Ⅱ군의 어두경음화 실현율이 대체로 다른 사회계층보다 높게 나타나지만, 직업과 학력 기준으로 구분한 사회계층의 순서에 따

른 일정한 경향은 나타나지 않았다. 따라서 어두경음화 현상은 사회계층과 일정한 상관관계를 가지지 않는 것으로 판단할 수 있다.

기존 논의에서는 사회계층에 따른 어두경음화의 실현에 대해 상반된 결과를 보고하고 있다. 이미재(1989ㄴ:67~68), 박정자(2007:27~28)에서와 같이 계층과 어두경음화 실현형의 상관관계를 보고한 논의도 있지만, 김유권(2000:13~14), 강희숙(2002:24~25)과 같이 뚜렷한 상관관계를 찾을 수 없는 것으로 보고한 논의도 존재한다. 이상녀(2006:100)에서는 어두경음화가 학력별 요인의 영향을 받지 않는 것으로 파악하였으나, 실제 제시된 자료는 오히려 '학력'이 높을수록 어두경음화의 실현 비율이 높다는 사실을 보여주었다. 한편 전혜숙(2008:185~188)에서는 직업을 기준으로 하였을 때, '상업, 어업'에 종사하는 사람들의 경음화 실현율이 '공직, 농업'에 종사하는 사람들보다 높게 나타났고, 비교적 중류 이상의 계층에 속할 것으로 기대되는 '공직'에 종사하는 사람들의 경우 '농업'에 종사하는 사람들보다 경음화 실현율이 높게 나타났다고 한 바 있다.

이렇듯 어두경음화와 사회계층의 상관관계에 대한 엇갈린 해석을 제시한 다양한 논의들을 어떻게 평가해야 하는지 단언하기는 어렵다. 다만 이러한 엇갈린 결과와 해석이 역설적으로 '한국 사회가 어느 사회보다도 사회계층의 구분이 불투명하게 되어 있는 사회'(이익섭 2007:251)라는 점을 보여주는 것임은 분명해 보인다. 사회계층의 구분에 대해 비교적 명확한 기준을 밝히고 있는 이주행(1999:58)에서도 검증 결과 한국 사회계층 사이의 어두경음화 현상은 별로 유의미한 차이가 없는 것으로 보인다고 한 바 있다. 본고에서도 〈표9〉와 같이 어두경음화 현상과 사회계층 사이에 뚜렷한 상관관계를 발견할 수 없었다. 이는 대구지역뿐 아니라 많은 다른 방언들에서도 보편적으로 나타나는 현상으로 볼 수 있다. 따라서 어두경음화 현상은 특정 사회계층에 집중적으로 나타나기보다, 구분 없이 다양한 사회계층에 걸쳐 진행 중에 있다고 볼 수 있을 것이다.

### 3.4. 말투별 어두경음화

본 연구에서는 일상 말투를 조사하기 위해 '대답 유도', '이야기 만들기' 방법을 시도하였다. 대답을 유도하기 위한 질문법으로 대부분 명명식 질문법(Naming Questions)을 사용하였다. Chambers&Trudgill(1980:25)에서 명명식 질문법은 제보자들에게 퀴즈로 응답을 유도해 내는 것이라고 하였다. 본 연구에서 이용한 명명식 질문법은 (5)와 같은 것들이 있다.

(5) **명명식 질문법 예시**

① 원숭이가 좋아하는 노란색 과일은?

② 갑자기 세차게 내리다 그치는 비는?

명명식 질문법이 어려운 용언의 경우 완결식 질문법(Completing Questions)을 사용하였다. Chambers&Trudgill(1980:26)에서 완결식 질문법은 제보자들이 채우도록 괄호를 제공하는 질문법이라고 하였다. 본 연구에서 이용한 완결식 질문법은 (6)과 같은 것들이 있다.

(6) **완결식 질문법 예시**

① 아침에 일어나면 머리를 샴푸로 (     )

② 가위로 종이를 (     )

③ 강호동은 힘이 ( )

이야기 만들기는 나열된 단어 목록을 바탕으로 하나의 이야기를 만드는 방법이다. 본 연구에서 시도한 이야기 만들기는 제보자에게 조사 어휘가 포함된 몇 가지 어휘를 제시하고 이야기를 만들어 달라고 하는 방법이었는데, 쉽게 이야기를 만들 수 있도록 단어들을 나열하였다. 본 연구의 조사에서 사용한 이야기 만들기 예는 (7)과 같다.

(7) **이야기 만들기 예시**

① 두꺼비, 같은, 동생, 번데기, 좋아하다, 그리고, 힘, 세다, 물건, 잘, 부수다

② 햇빛, 좋은, 일요일, 선글라스, 끼다, 천연, 가스, 버스, 타다, 청도, 가다, 소싸움, 운문사, 댐, 구경하다

③ 내, 과외, 선생님, 족집게, 어느날, 동그란, 상자, 병아리, 가져오다

이때 제보자들은 이야기를 만드는 것에 집중하여 자신의 발음에 주의를 기울이지 못하게 되므로 비교적 일상적인 말투를 얻을 수 있었다. '대답 유도'와 '이야기 만들기' 방법 중에서 일상적인 말투를 기대할 수 있는 방법은 '대답 유도'이다. 본고에서 사용한 '이야기 만들기' 방법은 제보자에게 문자로 기록된 몇몇 어휘를 제시하고 이야기로 만들어 달라고 요청한 방법이다. 그러나 제보자들은 어두경음화 비실현형의 시각적 정보를 제공받기 때문에, 이야기 만들기에 몰두한다 하더라도 기록된 문자의 영향에서 완전히 자유로울 수 없을 것으로 판단된다.

격식 말투를 조사하기 위해서는 '문장 읽기'와 '단어 읽기'를 시도하였다. 이 방법은 어두경음화가 실현되지 않은 형태가 문자 기록을 단순히 낭

독하는 것에 불과하므로, 제보자가 좀 더 자신의 발음에 주의를 집중할 것으로 판단된다. '문장 읽기'와 '단어 읽기' 중에서는 '단어 읽기'가 훨씬 더 발음에 유의할 상황이므로 가장 격식적인 말투가 된다. '대답 유도, 이야기 만들기, 문장 읽기, 단어 읽기' 각각의 말투별 조사 결과를 제시하면 〈표 10〉과 같다.

〈표 10〉 말투별 어두경음화 실현 비율

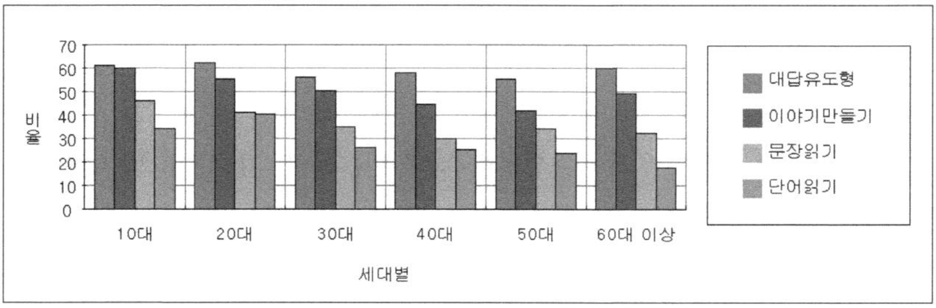


| | | 10대 | 20대 | 30대 | 40대 | 50대 | 60대 이상 |
|---|---|---|---|---|---|---|---|
| 일상 말투 | 대답 유도 | 61.39% | 62.22% | 56.39% | 58.06% | 55.42% | 60.14% |
| | 이야기 만들기 | 60.14% | 55.28% | 50.56% | 44.72% | 41.94% | 49.44% |
| 격식 말투 | 문장 읽기 | 46.25% | 41.11% | 35% | 30% | 34.44% | 32.50% |
| | 단어 읽기 | 34.17% | 40.56% | 26.11% | 25.28% | 23.89% | 17.64% |

말투별 어두경음화는 전 연령에 걸쳐 격식 말투보다 일상 말투에서 더 많이 나타났다. 일상 말투 중에서는 '이야기 만들기'보다 '대답 유도'가 더 높게 나타났고, 격식 말투 중에서는 '단어 읽기'보다 '문장 읽기'가 더 높게

나타났다. 즉, 어두경음화의 실현 비율은 모든 세대에 걸쳐 ‘대답 유도, 이야기 만들기, 문장 읽기, 단어 읽기’의 순서로 높게 나타났다. 예를 들어 〈표 10〉에서 10대 내의 자료는 말투별로 각각 ‘61% > 60% > 46% > 34%’와 같은 순서로 나타나 어두경음화의 실현 비율이 ‘대답 유도 > 이야기 만들기 > 문장 읽기 > 단어 읽기’의 경향을 보인다. 이러한 경향은 모든 세대에서 동일하게 나타남을 확인할 수 있다. 이러한 결과를 통해 대구지역의 화자들은 격식 말투보다 일상 말투에서 어두경음화 실현형을 많이 사용하고 있다고 할 수 있다. 이는 일상적인 말투에 가까워질수록 비표준형을 많이 쓰고 격식 말투에 가까울수록 표준형을 많이 사용한다는 Labov(1972), Trudgill(1974)의 연구 결과와도 일치한다.

다음으로, 성별에 따른 말투별 어두경음화의 실현 비율을 제시하면 〈표 11〉, 〈표 12〉와 같다.

〈표 11〉 여성의 말투별 어두경음화 실현 비율

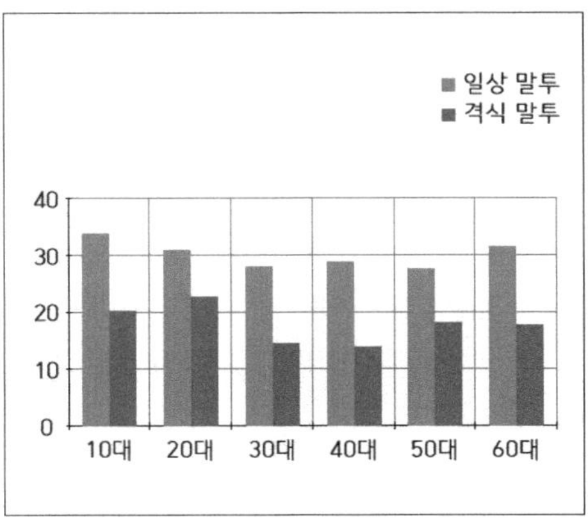


| | 일상 말투 | 격식 말투 |
|---|---|---|
| 10대 | 33.9% | 20.4% |
| 20대 | 31.0% | 22.7% |
| 30대 | 28.0% | 14.7% |
| 40대 | 28.9% | 14.0% |
| 50대 | 27.7% | 18.1% |
| 60대 | 31.7% | 17.8% |

〈표 12〉 남성의 말투별 어두경음화 실현 비율

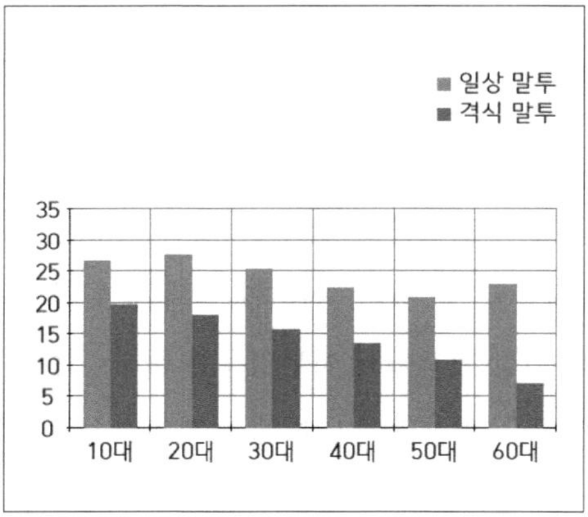


| | 일상 말투 | 격식 말투 |
|---|---|---|
| 10대 | 26.8% | 19.7% |
| 20대 | 27.7% | 18.0% |
| 30대 | 25.4% | 15.8% |
| 40대 | 22.5% | 13.6% |
| 50대 | 20.9% | 10.9% |
| 60대 | 23.0% | 7.2% |

〈표 11〉은 여성의 말투별 실현율 〈표 12〉는 남성의 말투별 실현율을 제시한 것이다. 일상 말투의 경우 전반적으로 여성이 남성보다 어두경음화의 실현 비율이 높다는 사실을 다시 한 번 확인할 수 있다. 격식 말투는 남성의 경우 연령이 높아짐에 따라 일관적으로 실현 비율이 감소하고 있으나, 여성의 경우에는 그렇지 않았다. 반면, 격식적인 상황에서는 성별에 따른 말투별 실현 비율의 경향성을 찾기 어려웠다.

마지막으로, 사회계층에 따른 말투별 실현 양상을 정리한 것이다.

〈표 13〉 사회계층의 말투별 실현 비율

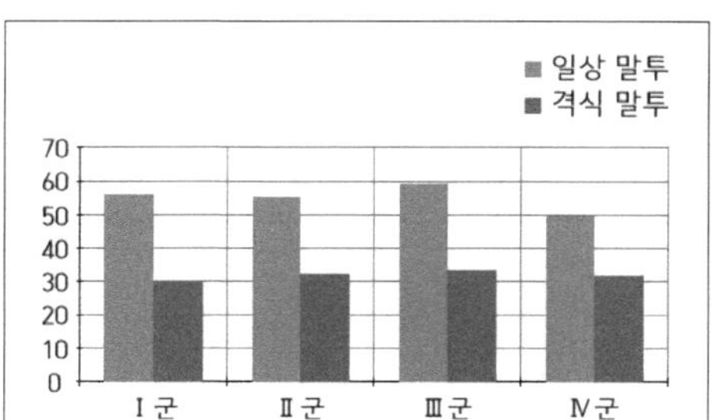


| | 일상 말투 | 격식 말투 |
|---|---|---|
| Ⅰ군 | 56.09% | 30.16% |
| Ⅱ군 | 55.53% | 32.50% |
| Ⅲ군 | 59.46% | 33.69% |
| Ⅳ군 | 49.78% | 31.99% |

〈표 13〉을 통해서도 일상 말투에서의 어두경음화 실현율이 격식 말투에서의 실현율보다 훨씬 높다는 사실을 확인할 수 있다. 앞에서와 마찬가지로 사회계층에 따른 말투별 실현 양상의 뚜렷한 상관관계는 발견할 수 없었다.

## 4. 결론

어두경음화 현상은 공시적으로 진행 중에 있는 언어 변화이며, 음운론적 조건에 따른 변화라기보다 자생적 변화의 성격을 가지고 있기 때문에 그 실현 양상과 조건을 파악하기란 쉽지 않다. 따라서 본고에서는 어두경음화 현상의 개신지라 할 수 있는 남부지방, 그중에서도 대구지역을 중심으로 어두경음화의 실현 양상을 살펴보고 기존의 연구 결과와 비교하여 그 차이를 해석하고자 하였다.

이미재(1989ㄱ, ㄴ), 김유권(2000), 이상녀(2006), 전혜숙(2008)에서는 어두경음화가 청소년층보다 노년층에서 높은 비율로 실현된다고 보고하였다. 그러나 본고의 조사 결과 대구지역의 어두경음화를 주도하는 세대는 10대~20대 청소년층으로 드러났다. 한편, 어두경음화는 어휘의 종류에 따라 전 세대에 걸쳐 고르게 나타나는가 하면 특정 세대에서 높게 나타나기도 하는 등 역동적이고 다양한 양상을 보였다. 이러한 특징은 진행 중인 언어 변화가 개별 어휘에 따라 다르게 나타난다는 어휘 확산 가설로 이해할 수 있었다.

성별에 따른 어두경음화 실현 양상에 대해서도 이미재(1989ㄱ, ㄴ), 김유권(2000), 강희숙(2002), 이상녀(2006)에서는 어두경음화가 여성보다 남성에서 높은 비율로 실현된다고 보고하였다. 그러나 본고의 조사 결과 대구지역 어두경음화는 전 세대에 걸쳐 남성보다 여성에게서 높은 비율로 실현되었다. 이는 대구지역에서 어두경음화는 여성을 중심으로 진행 중이며, 그 방향이 '표준어형→비표준어형'임을 보여주는 것으로 이해할 수 있었다.

사회계층과 어두경음화의 상관관계에 대해 전혜숙(2008:185~188)에서는 직업을 기준으로 '상업, 어업'에 종사하는 사람들보다 '공직, 농업'에 종사하는 사람들에게서 어두경음화가 더 높은 비율로 실현된다고 보고하였다. 그러나 이주행(1999:59)에서 한국 사회계층 간 어두경음화 현상에서 유의미한 차이를 발견하기 어렵다고 밝힌 바와 같이, 본 연구의 대구지역 어두경음화 현상에서도 사회계층 간 뚜렷한 상관관계를 발견하기 어려웠다. 이를 통해 대구지역 어두경음화 현상은 다양한 사회계층에 걸쳐 광범위하게 진행 중에 있음을 확인할 수 있었다.

결론적으로, 본 연구에서는 기존의 연구 성과와 일치하는 조사 결과뿐 아니라, 정면으로 배치되는 조사 결과 또한 도출하였다. 이를 계기로, 어두경음화 현상의 확산과 개신에 대한 보다 심층적이고 본격적인 논의가 이루어지기를 기대한다.

## 참고자료


강희숙(2002), 「언어의 변화와 보존에 관한 사회언어학적 연구 – 광주 방언을 중심으로」, 『한국어문학』47, 한국어문학회, 537−564.

김규남(1998), 「全北 井邑市 井海마을 言語社會의 音韻變異 硏究」, 전북대학교 박사학위논문.

김방한(1986), 「언어 변화에 관한 사회언어학적 연구」, 『한글』 194, 한글학회, 205−228.

김유권(2000), 「경음화현상에 대한 사회언어학적 연구」, 『겨레어문학』 32, 겨레어문학회, 1−23.

김형규(1974), 『한국 방언 연구』, 서울대학교 출판부.

박경래(2001), 「사회 방언」, 『방언학 사전』, 방언연구회, 태학사.

박정자(2007), 「국어 음운 변이의 사회언어학적 연구」, 조선대학교 석사학위논문.

배주채(1995), 『국어음운론 개설』, 신구문화사.

성양빈(1972), 「방언의 분포와 경음화의 정도」, 『국어국문학』 2, 조선대학교 문리과대학 국어국문학과.

손장권(1998), 「한국과 미국여성의 생활양식과 사회관계망에 관한 비교연구」, 한국학술진흥재단.

윤경희(2009), 「사회언어학적 관점에서 본 수의적 음운변동 현상 연구」, 고려대학교 석사학위논문.

이기문(1978), 『16세기 국어의 연구』, 탑출판사.

이미재(1989ㄱ), 「언어 변화에 관한 사회언어학적 연구 – 경기도 화성 방언을 중심으로」, 서울대학교 박사학위논문.

이미재(1989ㄴ), 「어두 경음화에 관한 사회 언어학적 고찰 – 언어 변화의 측면에서」, 『수원대학교논문집』 7, 수원대학교, 61−73.

이상녀(2006), 「江原道 嶺東 方言의 音韻에 대한 社會 言語學的 硏究」, 강원대학교 대학원.

이익섭(2007), 『방언학』, 민음사.

이주행(1999), 「한국 사회계층별 언어 특성에 관한 연구」, 『사회언어학』 7, 한국사회언어학회.

전혜숙(2008), 『강원도 동해안 방언의 사회언어학적 연구』, (주)한국학술정보.

정지자(1983), 「어머니의 대화형태와 아동의 언어능력과의 관계」, 이화여자대학교 석사학위논문.

小倉進平(1944), 朝鮮語方言の硏究(下), 東京: 岩派書店.

Chambers, J. K. & P. Trudgill(1980), Dialectology, Cambridge Univesity.

Labov, W.(1972), Sociolinguistic Patterns, University of Pennsylvania Press.

Macaulay, R. K.(1978), Social class and language in Glasgow. Language in Society.

Trudgill, P.(1974), Sociolinguistics, An introduction to language and society, Penguin Books.

Vergmann, A., K. C. Hall, & S. M. Ross(2007), Language Files, Department of Linguistics The Ohio State University.

Wang, W.(1969), Competing Changes as Cause of Residue, Language 45.

2장

# '위'의 단모음화

대구 지역어에서 모음 '위'는 '[wi], [i], [u]'로 나타나는 특징이 있다. 이 장에서는 대구지역 화자들의 모음 '위' 실현 양상이 세대별로 어떤 차이를 보이는지 조사하였다. 나아가 20세기 방언자료집의 방언형들과 비교하여 세대별, 어휘별 실현 양상을 분석하고 이를 음운 변화의 관점에서도 고찰하였다.

# '위'의 단모음화

## 1. 서론

국어사 연구에서 이중모음은 통시적인 변화와 관련하여 많은 연구가 이루어져 왔으며, 특히 이중모음의 단모음화 과정에 대한 다양한 논의들이 있었다. 이러한 논의들은 이중모음의 음가와 관련된 중요한 문제임은 틀림없다. 하지만 이중모음, 특히 '위, 외'의 경우 문헌자료나 간접적인 방언자료를 통해서 단모음화한 근거를 찾기가 쉽지 않을 뿐 아니라, 국어의 각 방언 사이에서도 차이를 보인다. 小倉進平(1944:318~321)은 경상북도 방언에서 모음 '위'가 [wi] 또는 [i]로 실현됨을 보고한 바 있다. 하지만 현대 경상북도 방언, 특히 대구 지역어에서는 [wi]나 [i]뿐만 아니라 [u]로 단모음화되는 현상이 관찰된다. 다음의 대구 지역어 자료에서 이러한 양상을 확인할 수 있다.

> "음, 사람은 게겁고 작고 소는 무겁고 하마 배가 한 쪽으로 찌부러지마 파산하기 안 숩나?"

위의 예시는 한국구비문학대계 음성자료(http://yoksa.aks.ac.kr/) 대구직할시 동구 불로1동 진능선님의 '고려장 없앤 이인(異人) 어머니'에서 발췌한 것이다. '쉽다'의 모음 '위'는 [u]로 실현되어 '숩다'와 같은 형태로 나타나는 것을 확인할 수 있다. 이는 모음 '위'가 특정 어휘 환경에서 [i]뿐만 아니라 [u]로도 단모음화될 수 있음을 보여준다.

본 연구는 이러한 문제의식에서 출발하여 대구지역 화자들의 발화 자료를 중심으로 어휘에 따른 모음 '위'의 실제 실현 양상을 심층적으로 분석하고자 한다. 하나의 문자 '위'에 [wi], [i], [u]와 같이 둘 이상의 음가가 대응되는 현상은 음운 체계 내에서 변화가 활발히 진행 중임을 나타내는 중요한 증거로 해석될 수 있다.[1] 따라서 본 연구에서는 대구지역 화자들의 모음 '위' 실현 양상을 세대별로 고찰하고자 한다.

## 2. 연구방법

본 연구에서는 대구 지역어의 '위' 단모음화 양상을 세대별로 분석하기 위해 판정 추출법을 활용하여 총 60명의 제보자를 선정하였다. 제보자 선정 기준은 다음과 같다. 첫째, 대구에서 출생하여 성장 및 거주하고 있는 자. 둘째, 경상북도 지역 출신이나 청년기에 대구로 이주하여 성장 및 거주하고 있는 자. 최종적으로 각 세대별 남녀 10명씩 구성하여 총 60명의 표본을 확보하였다.

---

1 김주필(2009:81)에서는 "음운 변화가 완료된 시점에는 하나의 음성형이 둘 이상의 문자표기에 대응되어 '표기:음성'이 '多:1'의 관계를 갖지만, 해당 음운 변화가 진행 중인 시점에서는 오히려 '1:多'의 관계를 가진다."라고 하였다.

〈표 1〉 제보자

| | 청년층(20대) | 중장년층(40대) | 노년층(60대 이상) |
|---|---|---|---|
| 남 | 10 | 10 | 10 |
| 여 | 10 | 10 | 10 |

물론 60명의 표본만으로 대구지역의 모든 언어적 특징을 완벽하게 포착하기는 어려울 수 있다. 그러나 사회언어학 연구에서는 표본의 대표성과 정확성이 확보된다면 표본의 크기가 반드시 큰 제약으로 작용하지 않는다. Labov(2001:38)에서도 대도시의 언어적 특징은 비교적 적은 수의 제보자, 즉 100명 미만으로도 충분히 파악할 수 있다고 언급하였다. 따라서 본 연구의 표본 규모는 대구 지역어의 '위' 단모음화 양상을 분석하는 데 적절하다고 판단된다.

대구지역 화자들의 모음 '위' 실현 양상을 체계적으로 조사하기 위해 다음과 같은 어휘 항목들을 선정하였다.

〈표 2〉 조사 어휘 항목

| | 어두 | 비어두 | | 어두 | 비어두 |
|---|---|---|---|---|---|
| ㄱ | 귀<br>귀신<br>귀엽다<br>귀찮다<br>(방귀)뀌다 | 까마귀<br>바뀌다<br>바퀴<br>방귀<br>사귀다<br>사마귀<br>아귀(찜) | ㅅ | (밥이)쉬다<br>쉽다 | 아쉽다 |

| ㄷ | 뒤<br>뒤집다<br>뛰다<br>(물이)튀다 | –[2] | ㅈ | 쥐 | 다람쥐<br>박쥐 |
|---|---|---|---|---|---|
| ㅂ[3] | 뷔페 | 데뷔 | ㅎ | 휘다 | 지휘 |
| 선행자음 없음 | | | | 위(上)<br>위(胃)<br>위치<br>위험 | 가위<br>더위<br>바위<br>사위 |

조사 어휘 중 ‘귀, 위, 쥐, 방귀, 까마귀, 사마귀, 바퀴, 바위, 사위, 뀌다, 뒤, 뛰다, 튀다, 휘다’ 등의 어휘는 『한국방언자료집Ⅶ 경상북도편』 및 『경상북도 방언자료집』에도 수록된 항목들이다. 이는 방언 자료집이 발간된 1980년대부터 현재까지 해당 어휘들에서 나타나는 음운 변화 여부와 그 경향성을 분석하는 데 중요한 비교 자료가 될 것이다. 아울러 모음 ‘위’의 변이형 출현에 규칙성이 존재하는지 확인하기 위해 〈표 2〉와 같이 조사 어휘 항목들을 어두 여부 및 선행 자음의 종류에 따라 세분화하였다.

본 연구를 위한 자료 수집은 2011년 7월부터 2012년 1월까지 이루어졌

2 국립국어원 누리집 표준국어대사전에서 비어두 ‘-뒤’형의 어휘를 찾기 위해 ‘*뒤’로 검색하였으나, 대부분 사용빈도가 낮은 어휘들이거나 ‘앞뒤, 목뒤’와 같은 합성어였다. 본 연구에서는 형태소 내부에서 실현되는 모음 ‘ㅟ’의 실현 양상을 조사하고자 하였기 때문에 비어두 ‘-뒤’형은 조사항목에서 제외되었다.

3 유필재(2010)에서는 국어사에서 양순음 뒤 ‘ㅟ > ㅣ’와 같은 변화가 있었기 때문에, 현대국어에서 ‘양순음+ㅟ’의 결합은 존재하지 않지만, 외래어에는 이러한 결합이 존재한다고 하였다. 그래서 본 연구에서는 외래어인 ‘뷔페, 데뷔’로 조사하였다. 선행자음으로 ‘ㅂ’을 가진 고유어 어휘가 존재하지는 않았지만, 선행자음에 따른 실현 양상을 살펴보기 위해서는 ‘뷔’형의 조사가 필요하였기 때문이다.

다. 조사 과정에서는 연구자가 친밀한 관계에 있는 제보자들의 일상 대화에 자연스럽게 참여하여 연구 대상 어휘의 발화를 유도하는 방식을 활용하였다. 다만, 자연스러운 발화 상황에서 모든 조사 항목을 확보하는 데는 현실적인 어려움이 있어, 자연 발화에서 얻지 못한 항목에 대해서는 질문이나 인터뷰 방식을 병행하였다. 질문이나 인터뷰는 자연 발화에 비해 다소 형식적인 언어 사용 환경을 조성할 수 있다는 점을 인지하고 있으나, 수집된 자료 분석 결과 '말투'에 따른 모음 '위'의 실현 양상에서 유의미한 차이가 나타나지 않았다. 따라서 본 연구에서는 발화 맥락에 따른 변이 가능성은 논의에서 제외하고, 수집된 음성 자료를 바탕으로 반올림 값을 기준으로 계량 분석을 실시하였다.

## 3. 모음 '위'의 어휘별 실현 양상

### 3.1. 어두 음절 '위'의 어휘별 실현 양상

먼저 어두음절에 위치한 모음 '위'의 실현 양상에 대해 살펴보자.

(1) 가. 위(胃), 위치
    나. 위험(하다)
    다. 귀, 뀌다, 뒤, 뒤집다, 뛰다, 튀다, 쉬다, 쥐, 휘다

(1.가)는 전 세대에 걸쳐 이중모음 [wi]로 실현되는 어휘들이며, 선행자음이 없다는 공통점이 있다. (1.나)의 어휘는 20대에서는 이중모음 [wi]로

실현되는데 비해 40대 이상에서는 [i]로 단모음화 된 '이험(하다)'의 형태로만 나타났다. 흥미로운 점은 '이험하다고 잘 안 칸다. 상그럽다카지. 상그럽으니까 조심해라 이렇게.(40대-여), 늦밤에 그리 상그랍게 나당기다 클 난다.(70대-여)'와 같이 '위험하다'가 40대 이상에서 '상그럽다'라는 어휘 형태로도 실현되었다는 것이다.

(1.다)에 속하는 어휘들은 20대에서 40대까지는 이중모음 [wi]로 실현되거나 [i]로 단모음화되는 경향을 보이는 반면, 60대 이상에서는 [i]로 단모음화된 형태로만 나타났다. 이들 중 '귀, 뀌다, 뒤, 뒤집다, 뛰다, 튀다, 쥐[4], 휘다'는 『한국방언자료집Ⅶ 경상북도편』, 『경상북도 방언자료집』에서도 조사된 바 있다. 당시의 조사 결과는 각각 '[ki#], [k'iːnda], [tiː#], [tibii], [t'inda], [$t^h$iit'a'], [ci#], [hiiunda]'로 이는 해당 어휘들에서 이미 [i]로의 단모음화가 진행되었음을 의미한다. 특히, '뒤집다'의 경우 40대 이상에서 '디비다'라는 형태로 실현되기도 하였는데, 이는 『한국방언자료집 Ⅶ 경상북도편』, 『경상북도 방언자료집』의 조사 결과인 '[tibii]'와도 일치한다. 결과적으로 (1)의 어휘들은 이중모음형이나 i-단모음형으로 실현된다고 볼 수 있다.

이와 달리 (2)의 발화에서는 모음 '위'가 [u]로 단모음화된 형태의 발화가 관찰된다.

4 한 가지 특이한 사실은 40대 이상에서는 '쥐'의 또 다른 형태로 '액시'라는 어휘를 사용했다는 것이다. 경상도 방언에서 '액시'는 '아가씨'의 축약형으로 추정되나, 본 연구의 맥락에서는 '시누이'라는 의미로 사용되었다. 제보자들의 발화에서 '지는 지라 잘 안 카지. 액시라 칸다.(60대-여), 시누 아이가. 찍찍찍거리매 칠방팔방 돌아당기는게 시누이맨치로 밉살스럽다아이가. 생긴 것도 그렇고. 재밌제?(40대-여)'와 같이 '쥐'가 '시누이'처럼 얄밉다는 화자의 인식이 반영된 어휘 선택으로 해석할 수 있다.

(2) 가. 귀신, 귀엽다, 귀찮다, 쉽다

나. 위(上)

다. 뷔페

(2.가)의 어휘들은 20대에서는 이중모음 [wi]나 [i]로 단모음화되었고, 40대 이상에서는 이중모음 [wi]로는 나타나지 않았고 [i]나 [u]로 단모음화되었다. 특히 40대 화자들의 경우 [i] 단모음화 형태의 실현 비율이 85%로 [u] 단모음화 형태보다 높게 나타났다. 그러나 60대 이상 세대에서는 [u] 단모음화 형태의 실현 비율이 81%로 [i] 단모음화 형태보다 우세한 경향을 보였다. 이러한 결과를 표로 정리하면 〈표3〉과 같다.

〈표 3〉 (2.가)의 세대별 실현 비율

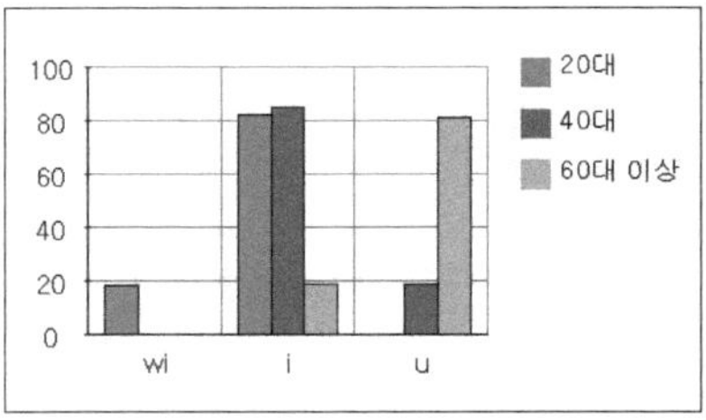


| 2.가 | 20대 | 40대 | 60대 이상 |
|---|---|---|---|
| [wi] | 18% | 0 | 0 |
| [i] | 82% | 81% | 19% |
| [u] | 0 | 19% | 81% |

(2.가)의 어휘들 중 '귀엽다'는 '고 알라가 얼매나 애지랑시러븐지 말도 모한다.(70대－남)'와 같이 '애지랑시럽다'의 형태로도 나타났다. 또, 제보자들은 '애교떨다, 애교부리다'는 뜻으로 '할배 할배카미 애지랑떠는 게 얼마나……(70대－남)'와 같이 '애지랑떨다'라는 형태를 사용하기도 했다. 또한 '쉽다'는 『한국방언자료집Ⅶ 경상북도편』, 『경상북도 방언자료집』에서 조사된 바와 같이 '수헐하다'의 형태로도 실현되었다. 다만, 『경상북도 방

언자료집』에서 '수헐하다' 형태와 함께 '시이버'로 조사된 것을 확인할 수 있다. 본 연구의 조사과정에서도 40대 이상, 특히 60대 이상에서 '그래가 꼬 일하기가 훨씬 수월치.(60대－남)'와 같은 '수헐하다' 형태가 많이 조사되었다. 이를 통해 대구지역에서는 노년층으로 갈수록 '쉽다' 대신 '수헐하다'라는 어휘를 더 자주 사용하는 경향이 있음을 추측할 수 있다. 그러나 '쉽다'와 '수헐하다'는 엄밀히 말해 동의어가 아니며, 본 연구의 초점은 '쉽다'라는 어휘 내의 모음 '위'가 어떻게 실현되는지에 맞춰져 있으므로, '수헐하다' 형태의 빈도수는 분석에서 제외하였다.

(2.나)의 어휘 '위(上)'는 이중모음 [wi]로 실현되거나 [u]로 단모음화되었는데, [u]로 단모음화된 형태는 40대부터 나타났으며, 그 빈도가 월등히 높은 것이 특징적이다. 이를 정리하면 〈표 4〉와 같다.

〈표 4〉 (2.나)의 세대별 실현 비율

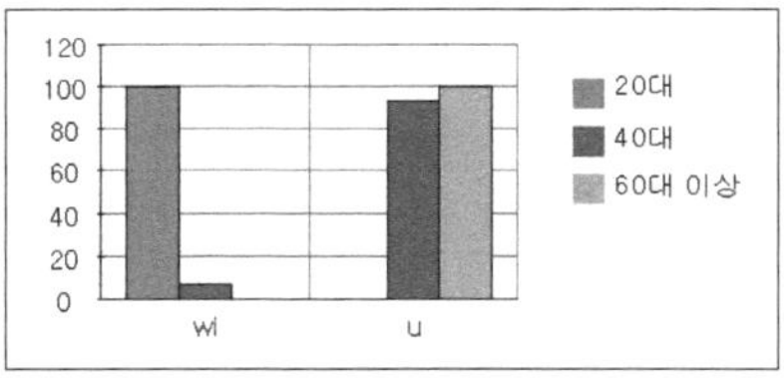


| 2.나 | 20대 | 40대 | 60대 이상 |
|---|---|---|---|
| [wi] | 100% | 7% | 0 |
| [u] | 0 | 93% | 100% |

'위(上)'는 『한국방언자료집Ⅶ 경상북도편』, 『경상북도 방언자료집』에서 '[*u－ro], [uE], [uuro]'와 같이 [u]로 단모음화된 형태로 실현되었다. 이를 통해 '위(上)'의 u－단모음화형은 중장년층 이상에서 나타나는 고유한 특징으로 볼 수 있다.

(2.다)의 어휘는 전 세대에서 [u]로 단모음화된 형태인 '부페'로만 실현되었다는 것이 특징적이다. (1), (2)의 결과, 어두음절에 위치한 모음 '위'

의 세대별 실현 양상을 정리하면 〈표 5〉와 같다.

〈표 5〉 어두음절에 위치한 '위'의 세대별 실현 양상

| | 위(胃), 위치 | 위험 | 귀, 뀌다, 뒤, 뒤집다, 뛰다, 튀다, 쉬다, 쥐, 휘다 | 귀신, 귀엽다, 귀찮다, 쉽다 | 위(上) | 뷔페 |
|---|---|---|---|---|---|---|
| 20대 | wi | wi | wi, i | wi, i | wi | u |
| 40대 | wi | i | wi, i | i, u | wi, u | u |
| 60대 이상 | wi | i | i | i, u | u | u |

강보경(1998:27)에서는 어두음절 위치에서의 '위'는 경상도를 제외한 지역은 [ü]로 경상도 지역은 [i]로 선행 자음이나 성조에 관계없이 비슷하게 나타났다고 하였다. 그러나 본 연구의 조사 결과, 대구지역 화자들은 어두음절에 위치한 '위'를 일부 어휘에서는 [i]뿐만 아니라 [u]로도 단모음화 한다는 것을 알 수 있었다. 또한 어두음절에 위치한 '위'는 선행 자음에 따라 그 실현 양상이 조금씩 다름을 알 수 있는데, 이를 정리하면 〈표 6〉과 같다.

〈표 6〉 어두 선행자음별 실현 비율

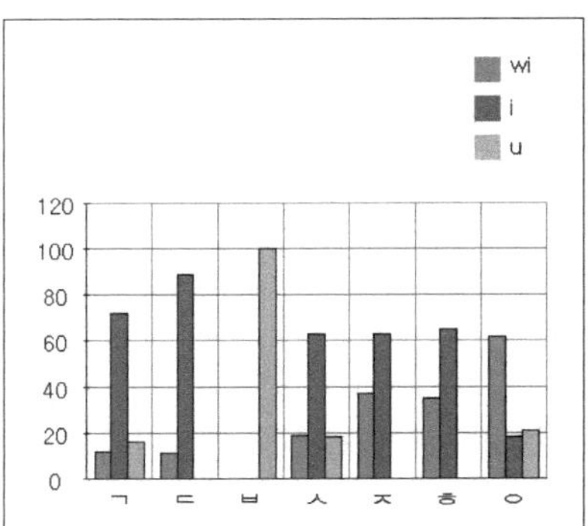


| 어두 | wi | i | u |
|---|---|---|---|
| ㄱ | 12% | 72% | 16% |
| ㄷ | 11% | 89% | 0 |
| ㅂ | 0 | 0 | 100% |
| ㅅ | 19% | 63% | 18% |
| ㅈ | 37% | 63% | 0 |
| ㅎ | 35% | 65% | 0 |
| ㅇ | 62% | 18% | 20% |

선행 자음이 존재하지 않는 '위'형의 경우 이중모음형이 62%의 가장 높은 빈도로 나타났으며, 선행 자음으로 'ㅂ'을 가진 '뷔'형의 경우 100% u-단모음화형으로 실현되었다. 'ㄱ, ㄷ, ㅅ, ㅈ, ㅎ'를 선행 자음으로 가진 '귀, 뒤, 쉬, 쥐, 휘'형은 i-단모음화형으로 실현되는 빈도가 높았으며, 그 중에서도 '뒤'형이 89%로 가장 높게 나타났다.

### 3.2. 비어두 음절 '위'의 어휘별 실현 양상

다음으로 모음 '위'가 비어두 음절에서는 어떠한 양상으로 실현되는지 살펴보자.

(3) 가. 더위, 지휘
나. 가위
다. 다람쥐, 바뀌다, 바퀴, 박쥐, 사귀다

(3.가)의 어휘는 전 세대에 걸쳐 이중모음 [wi]로만 실현되는 특징을 보인다. 이에 비해 (3.나)의 어휘는 20대에서는 이중모음 [wi]로만 나타난다는 특징이 있다. 그러나 40대에서는 이중모음 [wi] 형태가 70%, [i]로 단모음화된 형태가 30%로 나타나, 40대에서는 i-단모음화형이 나타나기는 하지만 이중모음형으로 실현되는 빈도가 더 높은 것을 확인할 수 있다. 반면, 60대 이상에서는 i-단모음화형으로만 실현되었으며, 이와 더불어 '가시개'라는 어휘로 대체되는 경우가 빈번하게 관찰되었다. 『한국방언자료집Ⅶ 경상북도편』에서는 '가위'가 '[kasyigE] > [kai#]'로 실현된다고 보았고, 이는 '가이'형이 '가시개'형보다 신형인 것으로 해석할 수 있다. 또한

'가위'는 『한국방언자료집Ⅶ 경상북도편』과 『경상북도 방언자료집』 양쪽 모두에서 '[kai#]'로 조사되어 [i]로 단모음화된 것을 확인할 수 있다.

(3.다)의 어휘는 전 세대에 걸쳐 [i]로 단모음화된 형태로만 실현된다는 특징이 있다. 한편, '바퀴'는 60대 이상에서는 '발통'이라는 어휘를 더 많이 사용하였는데, 이 또한 『한국방언자료집Ⅶ 경상북도편』의 결과인 '[palt$^{h}$oŋ], [t$^{h}$oŋt$^{h}$E]'와 일치한다. 특징적인 것은 '바퀴'의 경우, 어떠한 의미기능을 가지냐에 따라 모음 '위'의 실현 양상이 달라진다는 점이다. '돌리거나 굴리려고 테 모양으로 둥글게 만든 물건'의 의미를 가진 명사형 '바퀴'는 '[바키]'와 같이 i－단모음화형만 나타났지만, '어떤 둘레를 빙 돌아서 제자리까지 돌아오는 횟수를 세는 단위'의 의미를 가진 의존명사형 '바퀴'는 '[바키]~[바끼], [바쿠]~[바꾸]'와 같이 i－단모음화형, u－단모음화형이 모두 나타났다. 이를 통해 '바퀴'가 의존명사로 사용될 때는 [i]로 단모음화될 뿐만 아니라 [u]로도 단모음화된다는 것을 알 수 있다. 이들 중 '다람쥐, 바뀌다, 박쥐, 사귀다'는 이미 『한국방언자료집Ⅶ 경상북도편』, 『경상북도 방언자료집』에서 [i]로 단모음화된 '[taramji], [pEk'iigEt'a], [pEk'iit'a], [p'o:lji#], [saginda]'의 형태로 조사된 바 있다. 결과적으로 (3)의 어휘들은 이중모음형이나 i－단모음화형으로 실현된다고 볼 수 있다.

이와 달리 (4)의 발화에서는 모음 '위'의 u－단모음화형이 나타난다.

(4) 가. 까마귀, 사마귀, 아쉽다
　가－1. 데뷔
　나. 사위, 바위
　다. 방귀, 아귀

(4.가)의 어휘들은 이중모음 [wi]로는 나타나지 않고, 오직 [i]나 [u]로 단모음화된 형태로만 실현되는 특징을 보인다. 이들 어휘는 20대~40대까지는 [i]로 단모음화하여 발음하는 경향을 보였다. 반면, 60대 이상에서 [i] 단모음화형과 함께 [u]로 단모음화되기도 하는데, 특히 [u]로 단모음화형의 사용 빈도가 더욱 높았다. 이를 간단하게 표로 제시하면 〈표 7〉과 같다.

〈표 7〉 (4.가)의 세대별 실현 비율

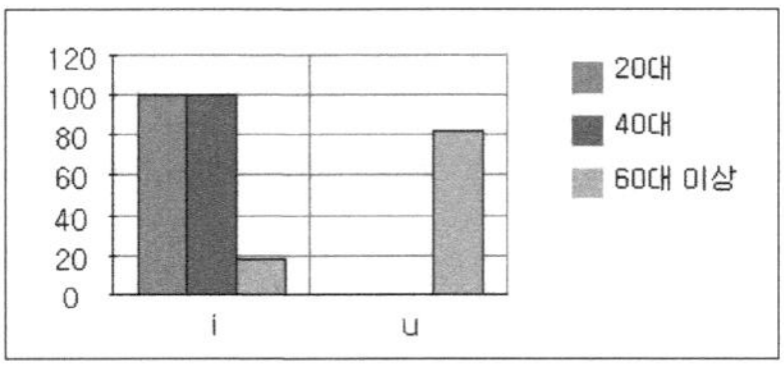


| 4.가 | 20대 | 40대 | 60대 이상 |
|---|---|---|---|
| [i] | 100% | 100% | 18% |
| [u] | 0 | 0 | 82% |

(4.가)의 어휘들 중 '까마귀, 사마귀'는 『한국방언자료집Ⅶ 경상북도편』, 『경상북도 방언자료집』에서 [u]로 단모음화된 것으로 조사된 바 있다. '까마귀'는 '[k'amagu] > [k'amagi]'로 나타났는데, 이를 통해 이 당시 i-단모음화형이 신형으로 실현되고 있었음을 알 수 있다. 이에 비해 '사마귀'는 '[saːmagu], [saːmaguga], [saːmaguEsɨ]'와 같이 u-단모음화형으로만 실현되었다.

(4.가-1)의 어휘는 20대에서 i-단모음화형, 40대에서 i-단모음화형과 이중모음 [ju], 60대 이상에서는 이중모음 [ju]로만 실현된다는 특징이 있다. 이 중 이중모음 [ju]는 u-단모음화형으로 분류하였는데, 주로 중장년층 이상에서 많이 나타났다. 노년층에서는 (4.가-1)의 어휘를 모르는 제보자들이 20명 중 7명이 있었는데, 이 제보자들에게는 '단어 읽기' 방법을 적용하였기 때문에 발화 횟수에서 제외하였다. 어형을 모르는 제보자

들에게 단어 읽기 방법을 적용한 결과 7명 모두 u－단모음화형인 '데뷰'로 발화하였는데, 이를 통해 어형을 처음 접하는 60대 이상에서는 이중모음형이나 i－단모음화형이 아닌 u－단모음화형으로만 발화한다는 특이점을 발견할 수 있었다.

(4.나)의 어휘는 20대에서는 이중모음 [wi]로만 실현된 반면, 40대 이상에서는 [u]로 단모음화된 형태도 함께 나타났다. '사위'의 경우 중장년층 이상에서 u－단모음화형의 실현 빈도가 높았으나, '바위'의 경우 노년층에서 u－단모음화형의 실현 빈도가 더 높게 나타났다. 특히 40대 이상에서는 '우리 집에 큰 방구 2개 있다 캤었지.(40대－여)'와 같이 '바위' 대신 '방구'의 형태가 나타나기도 했는데, 이는 '방귀'의 u－단모음화형인 '방구'와 형태면에서 일치한다. 하지만 '바위'의 '[방구]'는 단음으로 '방귀'의 u－단모음화형 '[방:구]'는 장음으로 변별할 수 있다. (4.나)의 어휘들 역시 『한국방언자료집Ⅶ 경상북도편』, 『경상북도 방언자료집』에서 '사위'는 '[sawi#], [sau]'로 이중모음형과 u－단모음화형이 공존하고 있는 것으로 조사되었으며, 이는 본 연구의 조사 결과와도 일치한다. '바위'는 '[paŋu]'로 조사되었는데 이 또한 u－단모음화형으로 볼 수 있다.

(4.다)는 전 연령에 걸쳐 [u]로 단모음화된 형태로만 실현된 어휘들이며, 선행자음이 'ㄱ'이라는 공통점이 있다. '방귀' 역시 방언자료집에서 '[paːŋgu]'로 조사된 바 있다. 지금까지 살펴본 비어두음절에 위치한 '위'의 세대별 실현 양상을 정리하면 〈표 8〉과 같다.

〈표 8〉 비어두음절에 위치한 '위'의 세대별 실현 양상

| | 더위, 지휘 | 가위 | 다람쥐, 바뀌다, 바퀴, 박쥐, 사귀다 | 까마귀, 사마귀, 아쉽다 | 데뷔 | 사위, 바위 | 방귀, 아귀 |
|---|---|---|---|---|---|---|---|
| 20대 | wi | wi | i | i | i | wi | u |
| 40대 | wi | wi, i | i | i | i, ju | wi, u | u |
| 60대 이상 | wi | i | i | i, u | ju | wi, u | u |

강보경(1998:35~36)은 비어두 음절 위치의 '위'가 대부분 지역에서 이중모음 [uy]의 반모음 /y/ 탈락으로 인해 [u]로 실현되는 경향이 강하다고 지적한 바 있다. 실제로 본 연구에서도 대구지역 화자들이 일부 어휘에서 '위'를 [u]로 단모음화하는 양상이 관찰되었다. 또한 장충덕(2010:52-53)에서는 '방귀, 기저귀, 사마귀, 뼈, 씀바귀, 바퀴, 바위, 사위, 거위'를 조사하였는데, 이들은 각각 '방구, 기저구/지저구, 사마구, 뻬다구, 씀바구/씸바구, 바꾸/바끼, 바우, 사우, 기우'로 실현되었다. 이를 통해 단양방언에서 모음 '위'가 남부방언과 유사하게 대부분 [u]로 실현되었으며, 이는 동남방언과의 접촉 방언적 특성으로 해석될 수 있다고 논의하였다. 이러한 선행 연구들을 종합해 볼 때, 남부방언에서 모음 '위'가 [u]로 단모음화되는 경향이 존재했으며, 본 연구 결과 역시 대구 지역어의 일부 어휘에서 이러한 u-단모음화 형태가 나타남을 보여준다.

비어두음절에서도 선행 자음에 따라 실현 양상이 다르게 나타나는데, 선행 자음이 없는 '-위'형과 'ㅎ'을 선행 자음으로 가진 '-휘'형에서 이중

모음형이 가장 높은 빈도로 실현되었다. i－단모음화형은 'ㄱ, ㅂ, ㅅ, ㅈ'를 선행 자음으로 가진 '－귀, －뷔, －쉬, －쥐'형에서 50% 이상의 빈도로 나타났다. u－단모음화형은 43%로 '－뷔'형에서 가장 높은 실현율을 보였다. 비어두 환경에서의 선행 자음에 따른 실현 양상을 정리하면 〈표 9〉와 같다.

〈표 9〉 비어두 선행자음에 따른 실현 비율

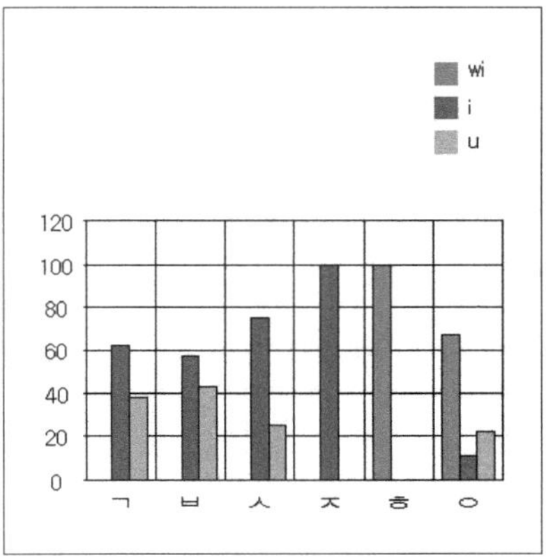


| 비어두 | wi | i | u |
|---|---|---|---|
| ㄱ | 0 | 62% | 38% |
| ㅂ | 0 | 57% | 43% |
| ㅅ | 0 | 75% | 25% |
| ㅈ | 0 | 100% | 0 |
| ㅎ | 100% | 0 | 0 |
| ㅇ | 67% | 11% | 22% |

〈표 9〉는 비어두 위치에서 선행 자음에 따른 '위' 모음의 실현 양상을 보여준다. 'ㄱ, ㅂ, ㅅ, ㅈ'와 같은 선행 자음 뒤에서는 이중모음 [wi]가 전혀 나타나지 않았고, 단모음 [i] 또는 [u]로만 실현되었다. 반면, 'ㅈ' 뒤에서는 100% [i]로 단모음화되었고, 'ㅎ' 뒤에서는 100% 이중모음형으로만 나타났다. 반면, 선행 자음이 없는 '위'형은 이중모음 [wi]형이 67%로 가장 높게 실현됨을 알 수 있었다.

이처럼 모음 '위'의 실현 양상은 어두, 비어두, 또는 선행 자음의 유무 및 종류에 따라 일정한 경향성을 나타내기도 하지만, 동일한 음운 환경 내에서도 어휘에 따라 현저한 차이를 보이는 경우가 존재한다. 특히, 선행

자음이 없는 '위'형의 경우, 어두라는 공통적인 조건하에서도 〈표 10〉과 같이 다양한 실현 양상을 보이는 것이 두드러진 특징이다.

〈표 10〉 '위'의 어휘별 실현 양상

| | 위(胃) | 위(上) | 위험 |
|---|---|---|---|
| 청년층 | wi | wi | wi |
| 중장년층 | wi | i | wi, u |
| 노년층 | wi | i | u |

따라서 모음 '위'의 다양한 실현 양상은 음운 변화가 특정 환경이나 조건에 해당하는 모든 어휘에서 한꺼번에 이루어지는 것이 아니라, 개별 어휘에 따라 점진적으로 변화한다는 Wang, W.(1969)의 '어휘확산설'로 설명할 수 있겠다.

## 4. 모음 '위'의 변화 과정과 세대별 실현 양상

모음 '위'가 중세국어 시기에 하향이중모음이었다는 사실은 많은 논의들을 통해 검증되었다. 그러나 모음 '위'의 후행 모음 'ㅣ'가 모음이냐([ui]) 반모음이냐([uy])를 두고는 많은 논란이 있다. 중세국어 시기 모음 '위'의 음가를 '[uy]'로 보는 연구로는 허웅(1985), 김완진(1964), 이기문(1972) 등이 있다. 이들 연구에서는 공통적으로 'ㄱ'이 이중모음 앞에서 탈락한다는 규칙을 근거로 들고 있다. 모음 '위'의 음가를 '[ui]'로 보는 연구로는 김종규(1989), 박창원(1988) 등이 있다. 특히 박창원(1988)에서는 통시적인 관점에서 'ㅚ, ㅟ, ㅢ, ㅢ'를 가진 어휘들 중 방언에 따라 'ㅣ'가 남아 음절 핵모음 구실을 하는 예가 있다는 점을 근거로 들고 있다. 현대국어에서 모음 '위'는 대구지역뿐 아니라 대부분의 지역에서 이중모음 [wi]로 실현되고 있는데, 중세국어 시기 '위'의 음가를 '[uy]'로 설정할 경우 '[uy] > [wi]'라는 변화에 대한 설명이 어려워진다. '[uy] > [wi]'에서 음절핵 뒤바뀜 현상은 백두현(1992), 정인호(2010), 김봉국(2010)에서도 지적한 바 있듯이 음운론적으로 부자연스러운 현상이기 때문이다. 따라서 본 연구에서는 중세국어 시기의 모음 '위'의 음가를 '[ui]'로 보았다.

정인호(2010)에서는 음운론적으로는 동일한 'Vi' 이중모음이라 할지라도 그 음성적 특성에 따라 변화가 다르게 일어날 수 있다고 보고, Jespersen(1926)의 분류 방식에 따라 'Vi' 이중모음을 하강이중모음과 부동이중모음으로 분류하였다. 이 견해에 따르면 '[ui]'는 부동이중모음으로 분류될 수 있으며, 핵음이 유동적인 부동이중모음은 어느 특정한 한 방향으로만 변화하지 않고 (5)와 같이 세 가지의 변화가 가능하다.

(5) 부동이중모음의 변화방법

| | | |
|---|---|---|
| Ⅰ형 | ui > u or i | 두 모음 중 한 모음이 탈락 |
| Ⅱ형 | ui > uĭ > ü | 두 모음의 축약에 의한 단모음화 |
| Ⅲ형 | ui > ŭi > wi | 선행모음 'u'가 반모음 'w'로 변화 |

(5)는 정인호(2010:321~323)의 변화 과정을 정리한 것으로, 이에 따르면 하강이중모음은 음운론적 환경에 관계없이 축약에 의한 단모음화를 경험하는 데 비해 부동이중모음은 다양한 변화가 가능하다는 차이점이 있다. 이를 통해 대구지역에서는 중세국어 시기 부동이중모음 '위'가 각각 Ⅰ

형과 Ⅲ형의 변화 과정을 거쳐 현대국어에서 '[wi], [i], [u]'와 같은 3가지 음성형으로 실현된다고 볼 수 있다.

모음 '위'에 가능한 3가지 음성형 '[wi], [i], [u]'로 인해 모음 '위'를 가진 어휘들은 다양한 실현 양상을 보인다. 세대별 실현율은 어두와 비어두에 관계없이 동일한 양상을 보였다. 따라서 환경에 관계없이 대구지역 화자들의 모음 '위' 실현 양상을 세대별로 살펴보면 〈표 11〉과 같다.

〈표 11〉 세대별 실현 비율

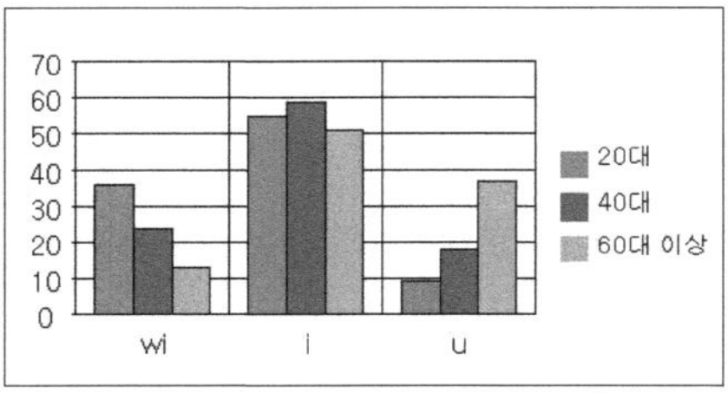


| | 20대 | 40대 | 60대 이상 |
|---|---|---|---|
| [wi] | 36% | 24% | 13% |
| [i] | 55% | 59% | 51% |
| [u] | 9% | 18% | 37% |

〈표 11〉의 결과를 통해 이중모음형은 청년층에서 36%로 가장 높게 실현되었으며, 노년층으로 갈수록 그 빈도가 낮아지는 것을 확인할 수 있었다. 모음 '위'의 이중모음형 '[wi]'는 대구지역에서 청년층을 중심으로 확산 중인 언어 변화임을 알 수 있다. 이에 비해 i-단모음화형은 전 세대에 걸쳐 50% 이상의 높은 빈도로 실현되고 있으나, 중장년층에서 59%로 그 빈도가 가장 높다. 모음 '위'의 i-단모음화형 '[i]'는 대구지역에서 청년층부터 노년층까지 일반화된 언어 변화로 볼 수 있다. 마지막으로 u-단모음화형은 전 세대에 걸쳐 낮은 빈도율을 보이지만, 노년층에서 37%의 높은 실현율을 보인다. 또한 u-단모음화형은 '뷔페, 방귀, 아귀'와 같이 전 세대에서 'u'로 단모음화되는 몇 어휘를 제외하면 20대에서는 나타나지 않는다는 특징이 있다. 이에 비해 중장년층 이상, 특히 노년층 이상에서는 u-

단모음화형이 높은 빈도로 실현되므로 모음 '위'의 u－단모음화형 '[u]'는 확산이 완료된 언어 변화로 볼 수 있겠다. 결론적으로 대구지역 화자들의 모음 '위' 음성형은 노년층에서 청년층으로 갈수록 이중모음형으로 실현되고 청년층에서 노년층으로 갈수록 u－단모음화형으로 실현되며, 세대를 아울러 모음 '위'를 가진 대부분의 어휘를 '[i]'로 단모음화한다고 볼 수 있다. 이중모음형이 청년층으로 갈수록 높은 빈도율을 보이는 것은 매체, 교육과 같은 외부 환경의 노출이 다른 세대에 비해 높기 때문으로 볼 수 있겠다.

다만, '귀신, 위(上), 쉽다, 뷔페, 데뷔'는 이들과는 다른 변화 과정을 가지는 것으로 추측할 수 있다. '귀신, 위(上), 쉽다'는 통시적으로 '귓것, 우ㅎ, 쉽다'의 형태였으며, 공통적으로 모음 'ㅜ'를 가지고 있다. 이상억(2007:103)에서는 '우ㅎ'형이 15세기부터 19세기까지 94.3%의 빈도로 나타났고, '우'형이 15세기에서 19세기까지 5.7%의 빈도로 나타났다고 하였는데, 이는 '우ㅎ, 우'를 가진 단어들은 15세기부터 19세기까지 [u]로 실현되었음을 의미한다. 특히, '귀신, 위, 쉽다' 중 '위(上)'는 통시적으로 15C부터 19C까지 '우ㅎ'형이었기 때문에 [u]로 발음되었을 확률이 높다. 20세기 자료인 『한국방언자료집Ⅶ 경상북도편』, 『경상북도 방언자료집』에서도 '[u－ro], [uE], [uuro]'와 같이 u－단모음화형으로 조사된 바 있으며, 본 연구의 세대별 조사 결과에서도 '위(上)'는 60대 이상에서 100% u－단모음화형으로 실현되었다. 반면, 20대에서는 100% 이중모음형으로 실현되었다. 이를 통해 대구지역의 노년층 화자들은 어느 정도 통시적 형태에 이끌려 u－단모음화형으로 실현되고, 청년층에서는 통시적 형태와 관련 없이 모음 '위'를 가진 다른 어휘들처럼 이중모음형으로 실현하는 것이라고도 설명할 수 있다.

프랑스어 'buffet'에 해당하는 '뷔페'는 전 세대에서 u－단모음화형으로 실현되었으며, 'début'에 해당하는 '데뷔'는 청년층에서는 i－단모음화형으로 실현되지만 노년층으로 갈수록 u－단모음화형의 빈도가 높아진다는 특징을 보인다. 유필재(2010:391~393)에서는 국어사적으로 양순음 뒤 'ㅟ'가 ①어두 양순음 뒤 'ㅟ > ㅢ'(17세기 말), ②양순음 뒤 'ㅢ > ㅟ'(18세기), ③양순음 뒤 'ㅟ > ㅣ'(19세기 말)의 변화 과정을 경험한다고 하였다. '뷔페, 데뷔'는 양순음 'ㅂ'을 선행자음으로 가지고 있다는 공통점이 있긴 하지만, 외래어이기 때문에 유필재(2010:391~393)에서와 같이 국어의 통시적 변화와 관련지어 설명할 수는 없다. 뿐만 아니라 '뷔페, 데뷔'는 '[i]'로 단모음화되기보다는 '[u]'로 단모음화되는 경향이 강하게 나타났기 때문에 국어사적으로 양순음 뒤에 나타나는 '위'의 변화와는 다른 결과를 보인다.

이러한 변화가 가능한 것은 양순음과 모음 '우'가 [+양순성]이라는 공통자질을 가지고 있기 때문으로 볼 수 있다. 이러한 관점에서 본다면 외래어 '뷔페, 데뷔'의 경우, 모음 '위'가 u－단모음화되는 빈도율이 높은 이유를 선행자음 'ㅂ'과 모음 'ㅜ'의 공통자질인 [+양순성] 때문으로 볼 수도 있다. 그러나 모음 '위'의 이중모음형 '[wi]' 또한 [+양순성]이라는 자질을 가지고 있기 때문에 이러한 설명은 '뷔페, 데뷔'가 u－단모음화되는 현상을 해석할 수 있는 정확한 방법이 아니다. 두 번째 가능성은 '뷔페, 데뷔'의 경우 'buffet, début'로 'u'라는 공통의 알파벳을 가지기 때문에 이 형태에 이끌려 '[u]'로 나타나는 것이다. 그러나 노년층에서는 '데뷔'에 대한 사전 지식이 없었던 상태에서도 [u]로 단모음화하였기 때문에 이러한 가능성도 정확한 이유로 볼 수는 없다. 마지막으로 화자들의 어휘 습득 과정에서 u－단모음화형으로 굳어진 것으로 볼 수도 있다.

## 5. 결론

대구지역에서 모음 '위'는 단모음 [ü]로는 실현되지 않고, 이중모음형 [wi]나 단모음화형 [i], [u]로 나타난다는 특징이 있다. 따라서 본 연구에서는 60명의 제보자를 대상으로 대구지역 화자들의 모음 '위' 실현 양상이 어휘별, 세대별로 어떻게 나타나는지 살펴보았으며, 동시에 『한국방언자료집Ⅶ 경상북도편』, 『경상북도 방언자료집』에서 조사된 방언형도 함께 비교하였다. 그리고 그러한 실현 양상은 음운 변화의 관점에서 어떻게 설명할 수 있는지에 대해서도 고찰해 보았다.

청년층, 중장년층, 노년층을 중심으로 조사해본 결과, 어두나 비어두에 관계없이 선행자음이 없는 '위'형이나 'ㅎ'을 선행 자음으로 가진 '휘'형에서는 이중모음 [wi], 'ㅂ'을 선행자음 가진 '뷔'형에서는 [u], 나머지 선행자음에서는 [i]로 실현되는 빈도가 높다는 결론을 얻었다. 그러나 '위(胃), 위(上), 위험'과 같이 같은 음운론적 환경을 가졌음에도 실현 빈도에 큰 차이를 보이는 어휘들이 존재하였기 때문에 모음 '위'의 실현 양상 및 변화 방향은 개별 어휘에 따른 차이로 해석할 수 있다.

모음 '위'는 통시적으로 부동이중모음으로 '[ui]'의 음가를 가진 부동이중모음이기 때문에 다양한 방향으로 변화가 가능하다. 대구지역에서는 ①부동이중모음 '[ui]'의 선행모음이 반모음으로 변하여 이중모음형으로, ②부동이중모음 '[ui]'의 두 모음 중 한 모음이 탈락하여 단모음형으로 실현되는 두 가지 변화 방향이 나타난 것으로 볼 수 있다. 이러한 원인으로 현대 대구지역에서 모음 '위'는 '[wi], [i], [u]'의 세가지 음성형이 대응될 수 있는 것이다. 모음 '위'의 실현 양상을 세대별로 살펴본 결과, 청년층으로 갈수록 이중모음형이 높은 빈도로 나타났고, 노년층으로 갈수록 u－단모음화형이 높은 빈도로 실현된 반면, i－단모음화형은 전 세대에 걸쳐 높은 빈도로 실현되었음을 알 수 있다. 따라서 대구지역에서 모음 '위'의 이중모음형은 청년층에서 확산되고 있는 언어 변화이고, u－단모음화형은 확산이 종료되고 있는 언어 변화라고 할 수 있겠다. 이에 비해 i－단모음화형은 환경에 관계없이 전 세대에 걸쳐 확산되고 있는 언어 변화 현상이다.

지금까지 모음 '위'는 '외'와 함께 국어사 연구에서 음가, 단모음화 과정에 대해 많은 연구가 이루어져 왔지만, 방언에 따라 어떠한 양상으로 실현되고 있는지에 대한 연구는 많이 진행되지 않았다. 따라서 본 연구에서는 대구지역에서 모음 '위'가 세대별로 어떠한 실현 양상을 보이고 어떠한 음운 변화 과정을 경험하고 있는지에 대해 살펴보고자 하였다.

## 참고자료

강범모·김흥규(2009), 『한국어 사용 빈도』, 한국문화사.

강보경(1998), 「이중모음 '외, 위'의 변화에 대한 지리적 연구」, 동덕여자대학교 석사학위논문, 동덕여자대학교 대학원.

강희숙(2001), 「언어의 변화와 보존에 관한 사회언어학적 연구-광주방언을 중심으로」, 『한국어문학』 47, 한국어문학회, 537-564.

경상북도(1994), 『경상북도 방언자료집』, 경상북도 문화체육과.

국립국어연구원(2003), 『표준 발음 실태 조사Ⅱ』, 국립국어연구원.

김봉국(2010), 「하향이중모음의 연구사」, 『이중모음』, 태학사, 33-52.

김완진(1964), 「중세국어 이중모음의 음운론적 해석에 대하여」, 『학술원논문집』 인문 사회과학 편 4, 대한민국학술원.

김종규(1989), 「중세국어 모음의 연결제약과 음운 현상」, 『국어연구』 90, 국어연구회.

김주필(2009), 「근대국어 음운론의 쟁점」, 『국어연구』 9, 국어사학회, 69-122.

도수희(1983), 「한국어 음운사에 있어서의 부음 y에 대하여」, 『한글』 179, 한글학회, 85-132.

박경래(1992), 「현대국어 모음 '외, 위'의 인지양상에 대한 일고찰(Ⅱ)—중부방언 화자를 중심으로」, 『개신어문연구』 9, 개신어문학회, 43-75.

박경래(1995), 「19세기 후기 충북 보은 방언의 모음 '외, 위'에 대한 음운론적 신분에 대하여」, 『개신어문연구』 12, 개신어문학회, 89-108.

박종희(1995), 「중세국어 이중모음의 통시적 발달」, 『국어학』 26. 국어학회, 263-291.

박창원(1988), 「15세기 국어의 이중모음」, 『경남어문논집』 창간호, 경남대학교.

백두현(1992), 『영남 문헌어의 음운사 연구』, 태학사.

오종갑(1996), 「w계 이중모음의 변화와 관련된 영남방언의 특성과 그 전개」, 『영남어문학』 32, 영남어문학회, 145-210.

유필재(2010), 「양순음 뒤 'ㅚ>ㅔ, ㅟ>ㅣ' 변화에 대하여」, 『이중모음』, 태학사, 385-400.

이기문(1972), 『국어사개설』, 탑출판사.

이기문·김진우·이상억(1984), 『국어음운론』, 학연사.

이상억(2007), 『한국어 체언의 음변화 연구』, 서울대학교출판부.

이승규(2003), 「여주지역어의 사회언어학적 고찰Ⅱ-단모음 '외, 위, 애, 에'를 중심으로」, 『개신어문연구』 20, 개신어문학회, 143-182.

이혁화(2002), 「국어 반모음 'ɥ'의 음성학과 음운론」 『언어연구』 38(1), 서울대학교 어학연구소, 339-364.

장충덕(2010), 「단양방언의 음운론적 고찰」, 『개신어문연구』 32, 개신어문학회, 35−61.

정승철·정인호(2010), 『이중모음』, 태학사.

정인호(2010), 「하향이중모음과 부동이중모음의 음변화」, 『이중모음』, 태학사, 305−328.

조창규(1997), 「'위'와 '외'의 발달과 음가에 대하여−18,9세기 전남 서부 방언을 중심으로」, 『국어국문학연구』 19, 원광대학교 인문과학대학 국어국문학과, 253−270.

차재은(1995), 「중세국어의 하향이중모음과 음절구조에 대하여」, 『한국어학』 2, 한국어학회, 431−435.

최전승(1987), 「이중모음 '외', '위'의 단모음화 과정과 모음체계의 변화」, 『어학』 14, 전북대학교 어학연구소, 19−48.

한국정신문화연구원(1988), 『한국방언자료집 Ⅶ(경상북도 편)』, 한국정신문화연구원.

허웅(1985), 『국어음운학』, 샘문화사.

홍연숙(1994), 「방송언어에 나타나는 단모음화 현상」, 『사회언어학』 2, 사회언어학회, 1−19.

小倉進平(1944), 『朝鮮語方言の研究(下)』, 東京: 岩派書店.

Chambers, J. K. & P. Trudgill(1980), Dialectology, Cambridge Univesity.

Labov, W.(1972), Sociolinguistic Patterns, University of Pennsylvania Press.

Labov, W.(2001), Principles of Linguistic Change Volume Ⅱ, Social Factor, Cambridge: Blackwell.

Trudgill, P.(1974), Sociolinguistics, An introduction to language and society, Penguin Books.

Wang, W.(1969), Competing Changes as Cause of Residue, Language 45.

# 3장

## 전설모음화

이 장에서는 문헌 자료를 바탕으로 18세기부터 20세기까지 영남지역의 전설모음화 변화 과정을 살펴보았다. 나아가 달성지역의 노년층과 청년층 화자들의 발화를 조사하여 전설모음화 현상을 세대별로 조사·분석하였다.

# 전설모음화

## 1. 서론

전설모음화는 치찰음 'ㅅ, ㅆ, ㅈ, ㅉ, ㅊ'와 유음 'ㄹ' 뒤에 오는 모음 '으'가 전설고모음 '이'로 변화하는 현상을 의미한다. 전설모음화는 전설고모음화(김형규1974, 최명옥1992), 구개모음화(남광우1984, 최전승1986, 소신애2006), 전부모음화(이병근1970, 이상규·안귀남2007), 전설모음화(유창돈1964, 김영배1984) 등 여러 가지 명칭으로 사용되고 있다. 구개모음화는 'ㅅ, ㅈ'의 [+구개성] 자질을 강조하고, 전설고모음화는 'ㅈ'이 가지는 [−후설성] 자질을 강조하는 용어이다. 백두현(1992:255)에서는 '전설고모음화'라는 술어는 피동화 모음 '으'가 이미 고모음이므로 적절하지 않고, '구개모음화'라는 술어는 'ㅅ, ㅆ'이 'ㅈ, ㅊ'과 동일한 구개음이 아니라는 점과 함께 'ㄹ' 역시 구개음이 아니므로 적절하지 않다고 하였다. 따라서 본고에서는 백두현(1992:255)의 견해에 따라 '전설모음화'라는 술어를 사용하기로 한다. 전설모음화라는 용어는 움라우트와 중복되어 사용되기도 하는데 본 연구에서 살펴볼 모음 '으'의 전설모음화는 '[+coronal] 자질의 자음, 즉 설단과 전설면의 작용에 의해 조음 되는 국어의 치경음과 구개음의 전설성에 동화되어 일어나는 모음 변화'(강희숙2000:524)를 일컫는다.

전설모음화에 대한 언어 내적 원인이나 발생 시기 등은 많은 선행 연구들에 의해 밝혀졌지만, 한 지역에서 전설모음화가 어떠한 방향으로 변화하고 있는지에 대해 고찰한 연구는 많지 않다. 전설모음화는 남부지역에서 가장 먼저 생산적으로 실현되었다. 본 연구에서는 남부 지역어 중에서도 경상북도의 하위 지역어인 달성 지역어에서 세대에 따라 어떠한 양상으로 실현되고 있는지를 살펴보고, 이를 바탕으로 18세기부터 현대국어에 이르기까지 전설모음화가 달성 지역어에서 어떠한 변화 과정을 경험하고 있는지를 살펴보고자 한다.

달성 지역어는 천시권(1965)에 따르면 '–능교'형을 사용하는 제1지역으로 대구, 경산, 고령, 청도 등과 같은 하위방언권으로 구분되며, 최명옥(1992)에 따르면 부사형 어미 '–아X'가 일반적으로 '어'로 실현되는 지역으로 고령, 청도, 영천과 함께 분류된다. 또한 존칭의 종결어미를 대상으로 방언을 구획한 박지홍(1983)에 따르면 달성지역은 대구, 경산, 고령, 청도 등과 함께 대구방언권으로 구획된다. 이러한 방언구획에 따르면 달성지역은 남부 지역어에 속하며, 인근한 경산, 청도, 고령 등과 함께 하위 분류됨을 알 수 있다.[1] 본 연구에서는 달성 지역어[2]를 대상으로 전설모음

---

1 정철(1997)에서도 음운, 어휘, 어법에 대한 현지 조사를 통하여 경상북도의 방언을 '동해안 지역어, 남부 지역어, 서부 지역어, 북부 지역어'로 총 네 개의 방언권을 구획하였으며, 이에 따르면 '달성 지역어'는 '남부 지역어'에 포함된다고 하였다. 정철(1997)에서 구획한 '남부 지역어'에는 달성지역을 포함하여 '칠곡, 성주, 고령, 청도, 경산, 영천' 등이 속해 있다.

2 달성지역은 대구광역시에 편입되어 있지만, 도시화 진행이 늦게 이루어져 농업을 주로

화의 변화 과정을 살펴보고자 한다.

## 2. 연구방법

언어는 공시적인 언어 변이 과정을 거치면서 점진적으로 통시적인 변화를 겪게 되므로, 공시적 언어 변이는 언어 변화의 단면을 보여줄 수 있다. 그렇다면 전설모음화의 공시적 언어 변이를 토대로 통시적 변화를 살펴볼 수 있을 것이다. 공시적 상태에서 나타날 것으로 예상되는 전설모음화의 변이형들은 아래와 같이 크게 세 가지로 나눌 수 있다.

A. **개신형만 존재**: 전설모음화가 적용된 실현형으로만 나타나는 경우
B. **개신형과 보수형의 공존**: 실현형과 비실현형이 공존하는 경우
  a. 개신형 > 보수형: 개신형이 많고 보수형이 적은 경우
  b. 개신형 〈 보수형: 개신형이 적고 보수형이 많은 경우
C. **보수형만 존재**: 전설모음화가 적용되지 않은 비실현형으로만 나타나는 경우

A와 같이 특정 지역, 특정 시기에 전설모음화가 적용된 개신형만 나타

하는 지역이 많고 인구 이동이 적기 때문에 대구 지역어 중에서도 언어 변화의 속도가 느리다고 볼 수 있다. 달성지역은 1970년대 대한중석 본사가 가창면에 들어서면서 인근의 논공, 현풍에 공업 단지가 조성되었고, 이로 인해 많은 농토가 공업용지로 흡수되면서 이농현상이 일어났다. 그러나 본고의 조사 지역인 가창면 용계리, 현풍면 대1리는 아직도 농업을 주업으로 삼고 있는 지역민들이 많으며, 대대로 거주하고 있는 노인 인구 또한 많았다. 특히 대1리는 현풍곽씨 집성촌이었다.

난다면 전설모음화가 완료된 것으로 볼 수 있고, C와 같이 전설모음화가 적용되지 않은 보수형만 나타난다면 전설모음화가 아직 시작되지 않거나 확산·발달의 과정을 지나 축소·소멸의 과정에 있다고 볼 수 있다. B와 같이 전설모음화가 적용된 개신형과 적용되지 않은 보수형이 공존할 경우에는 음운 변화가 진행 중이라고 볼 수 있다. 개신형이 많고 보수형이 적게 나타나는 양상이라면 전설모음화가 확산 중인 과정이며, 반대로 보수형이 많고 개신형이 적다면 전설모음화가 소멸되는 과정이라고 해석할 수도 있다. 따라서 공시적 상태에서 나타날 것으로 예측되는 A～C와 같은 변이형들을 바탕으로 달성 지역어 전설모음화의 수행 과정을 확인할 수 있는데, 현대 달성지역 화자들의 세대별 변이는 B와 같은 양상을 보일 것으로 예상된다.

언어 변화는 '생성 → 확산 → 축소 → 소멸'의 과정을 거쳐 변화가 소멸되기도 하지만 '생성 → 확산 → 완료'의 과정을 거쳐 변화가 완료되기도 한다. 특히 '생성 → 확산 → 축소'의 변화 단계에 있는 음운 규칙은 곧 '소멸' 될 가능성이 높다고 판단된다. 달성지역의 전설모음화는 18세기에 생성되어 점진적으로 세력을 확산하다가 특정 시기 특정 화자들에 의해 축소·소멸되는 '소멸'의 변화를 보일 것으로 예상된다. '전설모음화'라는 하나의 음운 현상이 어떠한 변화를 겪었는지를 고찰하기 위해 영남지역에서 간행된 문헌어들을 대상으로 전설모음화가 실현될 수 있는 환경에서 전설모음화 실현형과 비실현형들을 찾았다. 영남지역에서 간행된 문헌은 백두현(1992)을 참고하였다.

현재 달성 지역어에 나타나는 언어 변이를 확인하기 위하여 현장조사를 실시하였다. 1차 조사는 2014년 1월부터 3월까지 진행되었으며, 2차 조사는 2015년 3월부터 5월까지 진행되었다. 조사 지점은 대구광역시 달성군 가창면 용계리와 달성군 현풍면 대1리였다. 제보자는 1)달성군에서 생장한 사람, 2)노년층 여성 제보자의 경우 달성군에서 태어나지 않았더라도 인근 지역에서 시집 온 사람, 3)청년층의 경우 부모님 두 분 모두 달성군에서 생장한 사람이라는 3가지 조건에 따라 선정하였다. 세대는 노년층과 청년층으로만 분류하였으며, 노년층은 60대 이상, 청년층은 10세~29세로 연령을 제한하였다. 공시적 언어 변이를 통해 진행 중인 언어 변화의 모습을 드러내기에는 노년층과 청년층 사이의 세대 차이만으로도 충분하다고 판단하였기 때문에 중장년층은 세대별 변이에서 제외하였다. 세대별 제보자 목록은 〈표 1〉과 같다.

〈표 1〉 제보자

| 세대 | 성별 | 제보자 수 |
|---|---|---|
| 노년층 (60~80대) | 남 | 5 |
| | 여 | 4 |
| 청년층 (10대~20대) | 남 | 17 |
| | 여 | 18 |

본 연구에서는 조사 어휘 목록을 지정해놓고 제보자들에게 질문하는 조사 방법에 따르지 않고, 제보자들의 일상 발화에서 공통적으로 언급된 어휘들을 연구 대상으로 삼았다. Allen(1973:26~28)에서도 지적하였듯이 제보자와의 무의식적인 자유로운 대화를 통해 수집된 자료가 가장 유용한 방언 자료이기 때문이다. 이는 곧 W. Labov(1972:209~210)에서 지적한 관찰자의 모순(observer's paradox)을 최대한 줄이는 방법이기도 하였다.

이를 위해 조사자와 제보자가 일대일로 면담하는 상황을 피하고, 이미 친분이 있는 제보자들과 함께 친숙한 공간에서 조사를 진행하였다. 제보자들의 일상 공간에 조사자가 함께 참여하여 들여다보고 함께 이야기하는 방식으로 조사를 진행하였다. 이를 위해 이미 친분이 있고, 친숙한 공간에서 자유롭게 대화하는 분위기를 조성하였다. 노년층의 경우 경로당에서 청년층의 경우 지역문화센터에서 반드시 친분이 있는 둘 이상의 제보자가 함께 있는 상황에서 조사가 이루어졌다. 일상 발화에서 두 세대 간 공통적으로 나타난 어휘들은 전설모음화의 대표적인 예로 볼 수 있는 'ㅅ' 아래에서 실현되는 전설모음화였으며, 그 어휘는 〈표 2〉와 같다.

〈표 2〉 조사 대상 어휘

| 형태소 내부 | | 형태소 경계 |
|---|---|---|
| 어두 | 비어두 | |
| 스님, 스물(아홉), (마당) 쓸다, 쓰러지다, 쓰다01, 쓰다02, 쓰다03, 쓰다06, 슬쩍 | 가슴, 벼슬, 구슬, 이슬, 우스개, 거스르다, 무슨, −스럽다 | −으면(스면) |

형태소 내부의 어두 어휘 중 '쓰다'는 그 의미가 다양하여 국립국어원 표준국어대사전에 따라 '쓰다01', '쓰다02', '쓰다03', '쓰다06'으로 표기하였다. '쓰다01'은 '붓, 펜, 연필과 같이 선을 그을 수 있는 도구로 종이 따위에 획을 그어서 일정한 글자의 모양이 이루어지게 하다, 머릿속의 생각을 종이 혹은 이와 유사한 대상 따위에 글로 나타내다'의 의미가 있다. '쓰다02'는 '모자 따위를 머리에 얹어 덮다'의 의미이며, '쓰다03'은 '①어떤 일을 하는 데에 재료나 도구, 수단을 이용하다, ②어떤 일에 마음이나 관심을 기울이다, ③어떤 일을 하는 데 시간이나 돈을 들이다, ④힘이나 노력 따

위를 들이다'의 의미이다. 마지막으로 '쓰다06'은 '혀로 느끼는 맛이 한약이나 소태, 씀바귀의 맛과 같다'라는 의미를 가진다. 형태소 경계의 '-으면(스면)'은 '있+으면, 없+으면'과 같이 선행음절의 종성 'ㅅ'에 '-으면'이 결합한 경우이다.

## 3. 전설모음화의 생성 및 확산 과정

일정한 음운 규칙이 새롭게 출현하여 그 적용 영역을 확대해 나가는 과정에서 흔히 발견할 수 있는 현상 가운데 하나는 시간의 흐름과 함께 그 규칙의 효력 또한 변화를 겪는다는 것이다. 강희숙(2000:524~525)에서는 예시로 국어의 구개음화나 움라우트를 제시하였고, 이들 음운 현상은 형태소 내부에서는 그 효력을 잃고 규칙으로서의 역할을 더 이상 수행하지 못하며 형태소 경계에서만 규칙으로서 효력을 유지하고 있는 것으로 보았다. 근대국어 시기에 생겨나기 시작한 것으로 알려진 전설모음화 역시 이러한 언어 변화를 경험하였을 것임은 당연하다.

(1) ㄱ. ᄒᆞᆫ 쟝으란 대임이 글 스라 ᄒᆞ쇼셔(44), 눈 알하 민망ᄒᆞ여 ᄒ 눈 감고 스니(46), 그리매ᄅᆞᆯ 스게 ᄒᆞ소(117), 스므이튼나튼 뉘게 바ᄃᆞ니 됴타 ᄒᆞ던고(9), 블근 믈 스므자(30), 그지 업서 이만 구월 스므닐웬날(99), 스므 권 칙으로셔 더러 보노라(108), 그런 우스온 일 업서이다(159), 제 거스러 몯 ᄇᆞ룬다 ᄒᆞ여 두겨시니 거스나마나 브ᄃᆡ ᄇᆞᆯ라 수이 됴케 ᄒᆞ소(85)

※문헌에 부여된 번호는 건들바우박물관의 영인본 번호에 따름

ㄴ. 甚심習십ᄒᆞ고(2, 38b) ~ 習습用용(1, 6a), 구실(玉)(2, 87a) ~ 구슬(1, 76a) ~ 구슐(2, 87a)

ㄷ. 구실 쥬珠(정몽유어5a), 씨울 苦(정몽유어10a), 다실 온溫(정몽유어4a), 힘실 강彊(정몽유어28b), 글실 사寫(정몽유어29a), 불법싱(佛法僧)(신도일용요집2a), 질거하는(신도일용요집2a), 질김(신도일용요집2b)

(1.ㄱ)은 17세기 달성 지역어를 반영한 『현풍곽씨언간』의 예시들이다. 전설모음화가 실현될 수 있는 조건임에도 불구하고 어두 '스다, 스믈', 비어두 '우습다, 거슬다' 모두 전설모음화 비실현형으로 나타났다. 하지만 18세기가 되면서 (1.ㄴ)과 같이 처음으로 전설모음화 적용형이 발견된다.

(1.ㄴ)은 18세기 문헌인 대구 경상감영본 『십구사략언해』(1772)의 예시들로 전설모음화가 적용된 형태는 비어두 환경인 '심십(甚習), 구실' 단 두 가지에만 국한되어 있음을 알 수 있다. 이는 백두현(1992:257)의 견해와 같이 해당 문헌이 간행된 18세기 후기가 전설모음화가 발생한 초기 단계임을 의미하며, 전설모음화가 비어두 'ㅅ' 뒤에서 가장 먼저 수행되었음을 보여준다.

(1.ㄷ)은 19세기 문헌으로 '구실, 다실, 힘실' 등 비어두 'ㅅ' 환경이지만 18세기 문헌보다 더 많은 어휘에서 전설모음화가 실현되는 것을 확인할 수 있다. 나아가 '질거하는'과 같이 어두 'ㅈ' 환경에서도 실현형이 나타났다. 이를 통해 18세기에는 '비어두 ㅅ'에서 시작된 전설모음화가 19세기에 이르러서는 그 적용 범위가 확대되어 '어두 ㅈ'에서도 전설모음화가 적용됨을 알 수 있다. 문헌 자료에서는 '어두 ㅈ'의 예시만 발견되지만 전설

모음화가 '비어두 ㅅ'에서 먼저 시작되었고 그 확산 속도가 빨랐다면 문헌 자료에서는 예시가 발견되지 않지만 이미 '비어두 ㅈ'에서도 전설모음화가 적용되었다고 예측해 볼 수 있을 것이다.

(2) ㄱ. **어두**: 실푸도다(권왕문1a, 29b), 실푸고(권왕문42b), 실피(권왕문16a), 씨기(書)(양정편28a) ~ 씨난 것이(양정편30a), 무릅실(膝)(양정편 자해1a), 시싱 ᄉᆞ師(역대천자문4a) ~ 시승 ᄉᆞ 師(통학경편 초간본4b), 씰 용用(역대천자문5b), 이을 싱承(역대천자문14b), 마당을 씰고(영남삼강록2, 20b), 칼을 시고(여사수지19a), 삭갓을 시고(영남삼강록13, 11a), 갓 씨고(양정편27a), 씰 물건(양정편28a), 달고 씨운 거설(영남삼강록7, 7a), 시사로(自)(영남삼강록2, 6a)

ㄴ. **비어두**: 힘슬 무務(통학경편 초간본30a), 이실(露)(권왕문10b), 다시릴 치治(통학경편 중간본43a), 구실(玉)(권왕문10b), 가심(胸)(조한사례12b), 목심 슈壽(역대천자문11b), 벼실 위位(역대천자문 11b), 벼실 관官(역대천자문15b), 말심 언言(역대천자문12b) ~ 말숨(역대천자문7a, 8a), 거시를 역逆(역대천자문16a)

(2)는 20세기 초기 경상도 문헌으로 이전 문헌에서 보였던 '비어두 ㅅ' 환경에서뿐만 아니라 '어두 ㅅ'에서도 전설모음화가 매우 생산적으로 실현됨을 보여 준다. 따라서 18세기에 '비어두 ㅅ' 뒤 '으' 환경에서 시작된 전설모음화가 20세기 초기로 오면서 '어두 ㅅ'까지 적용 환경이 확대된 것으

로 볼 수 있다. 문헌 자료에서는 20세기 초가 되어서야 '어두 ㅅ'에 전설모음화가 적용된 예시가 발견되지만 이미 19세기에 '어두 ㅅ'에서도 전설모음화가 적용되었다고 보아야 할 것이다. 왜냐하면 19세기 문헌 자료에서 '어두 ㅈ'일 때 전설모음화가 적용된 예시가 발견되었기 때문이다. 다음은 'ㅈ, ㅊ' 아래에서 전설모음화가 실현되는 예시들이다.

(3) ㄱ. **어두**: 질거하지(여사수지17b), 질길 흔欣(역대천자문14b), 징직(贈職)(영남삼강록1, 9a), 칙량(測量)(영남삼강록1, 13a), 징세(症勢)(영남삼강록3, 21b), 칙간(側間)(영남삼강록4, 6a), 칭계(層階)(조한사례1b), 직시(卽時)(조한사례15b)

ㄴ. **비어두**: 부지런히(여사수지25a), 움지길(動)(권왕문37a), 넌지시(권왕문41b), 거짓 위僞(역대천자문16a)

(3) 역시 20세기 초기 문헌 자료로 (3.ㄱ)은 어두 'ㅈ, ㅊ' 뒤에서 (3.ㄴ)은 비어두 'ㅈ' 뒤에서 전설모음화가 실현되는 예시들이다. 특히 (3.ㄴ)의 예시들은 전설모음화가 현대국어에서 표준어로 굳어진 예시들이다. 따라서 경상도 지역에서는 18세기 '비어두 ㅅ'에서 시작된 전설모음화가 19세기에는 '비어두·어두 ㅅ, ㅈ'으로까지 적용 범위를 확대하였고 20세기 초기까지 확산하는 양상을 유지하고 있었다고 볼 수 있다.

(4) ㄱ. 문지나 씰고 좀 닦고 말이지(316), 마당 씰러 나가뿌거던(101), 구식구식이 씰고 닦꼬(279), 큰 힘을 씨고 좋다(295), 한 쪽 팔을 몬 씨고 한 쪽 다리를 몬 씨며(100), 손님 바람에

한 쪽 팔을 못 시고(67), 말을 타고 투구 씨고 말이지(318), 이 놈의 돈을 다 씨고(56), 데감님이 돈을 씰라 캐서(77), 아가 마 씰만 하거던(279), 낱을 이래 씨다듬은께 깨난다 말이다(58), 도분이 실쩍이 나는기(38), 시님 말 듣고 내가 집에 와서(323), 시님이 산에 댕기다가(344) ~ 스님이라고 부르는 기라(360), 스님이 해주고 간 밥(360)

ㄴ. 내가 무신 힘이 있어야제(101), 그까짓기 무신 충신이냐꼬(167), 그 참 무신 철학 공부를 할라고(254), 와 무신 일이 있었나?, 무신 꽃이 젤 좋냐(300), 무신 일이고(350), 무신 짓을 하기나 말기지 마소(350), 이상시럽다 싶어서(374), 색시가 앉았다가 이상시럽다 싶어서(401), 저게 구실이 있을기다(109) ~ 구슬로 날 한 개 주더라(109)

ㄷ. 내가 이래가 왔으이 모리고(60), 성도 모리고 이름도 모립니더(119), 영감 모리게 가자 카는기라(135), 모리고 나오다가(324), 참 나도 모리고 하는데(387), 내가 언제든지 바리마 하고 곧기마 하마 사람이 살 수가 있어요(377), 이 여자도 할 수 없이 바린 말 했는 기라(394), 바린 말 했뿌랬는 기라(395)

(4)는 1980년대 자료인 『한국구비문학대계』 달성군편에 나타난 전설모음화의 예시들이다. (4.ㄱ)의 '씰다(쓸다), 씨고~시고(쓰고), 씨다듬다(쓰다듬다), 실쩍(슬쩍), 스님(시님)'은 어두 'ㅅ' 아래에서 '으'가 '이'로 전설모음화한 예시들인데 체언, 용언, 부사에서 골고루 전설모음화가 적용되는

것을 확인할 수 있다. (4. ㄴ)의 '무신(무슨), 이상시럽다(이상스럽다), 구실(구슬)'은 비어두 'ㅅ' 아래에서 모음 '으'가 '이'로 실현되는 예시들로 (4. ㄱ)과 마찬가지로 체언, 용언, 부사에서 적용되고 있다. (4. ㄷ)의 '모리다(모르다), 바리다(바르다)'는 비어두 유음 'ㄹ' 아래에서 '으'가 '이'로 실현되는 예시이다. 이를 통해 18세기부터 20세기 초기 문헌에서는 발견되지 않았던 '비어두 ㄹ' 아래에서도 전설모음화가 적용되는 것을 확인할 수 있다. 따라서 20세기 후기 달성 지역어에서는 전설모음화가 비어두·어두 'ㅅ, ㅈ' 이외에 유음 아래에까지 적용 환경을 확대하여 전설모음화를 생산적으로 사용하고 있다고 할 수 있다.

〈표 3〉 전설모음화의 생성 및 확산 과정

| | 18세기 | 19세기 | 20세기 |
|---|---|---|---|
| 적용 환경 | 비어두 ㅅ | 비어두·어두 ㅅ<br>비어두·어두 ㅈ | 비어두·어두 ㅅ<br>비어두·어두 ㅈ<br>비어두 ㄹ |
| 변화 과정 | 생성 ──────────────► 확산 | | |

즉, 전설모음화는 18세기 후반 비어두 'ㅅ'에서부터 시작되어 20세기 초기까지 '비어두·어두 ㅅ, ㅈ'으로까지 그 환경을 점차 확대하였다. 더 나아가 20세기 후반에는 '비어두 유음 ㄹ'에서도 적용되어 전설모음화가 매우 생산적으로 사용되었음을 알 수 있다.

## 4. 전설모음화의 축소 및 소멸 과정

전설모음화는 수의적인 음운 현상이기 때문에 공시적 상태의 전설모음화는 실현형과 비실현형이 공존하고 있을 것으로 예측할 수 있다. 개신형과 보수형이 공존하고 있을 때에도 진행 과정에 따라 개신형이 보수형보다 많은 상태의 변이, 보수형이 개신형보다 많은 상태의 변이로 구분될 수 있다. 이러한 두 가지 공시적 변이 양상 중 현대 달성지역 노년층과 청년층 화자들에서는 각각 어떠한 양상으로 나타나는지 살펴보고자 한다.

먼저, 달성지역 노년층 화자들의 전설모음화 실현 양상을 살펴보자.

(5) ㄱ. 시님이라꼬 내 오는데 몰라, 요새 시님도 땡주이다, 비로 씰기를 자주 하지, 요새는 비로 씰고 안 카지, 비에 씰리가뿌마 괜찮을강가, 어따 씨라고?(쓰다01), 여다 씨까?(쓰다01), 요다 씨마 되겠나?(쓰다01), 이거를 딱 씨고 해야대(쓰다02), 야가 이거 씬다(쓰다03) 안 카나, 이거를 어따 씰라꼬?(쓰다03), 한 손을 몬 시게 됐어(쓰다03), 힘 씨라 쫌(쓰다03), 힘도 잘 씨고 그래야 보내지(쓰다03), 맘이 씨이지(쓰다03), 신경 씨이구로 왔다갔다 하노(쓰다03), 비용을 마이 안 씨나 그자?(쓰다03), 우리도 마이 씨이거등(쓰다03), 씰 데 없는 아다 시브마(쓰다03), 저나고 머고(전화고 뭐고) 씨러지마 끝이지 머, 씨러지가 나를 및 년을 고상시기고, 도을(돈을) 실쩍이 주드라카이 ~ 스님도 이상타 이상타 카드라고, 글자 쓰는 거는 인자 한다(쓰다01), 쓰는 거 잘 모해도(쓰다01), 나도보자 지가 쓴다 안 카나(쓰다02), 해조봤자 쓸 데 없다고(쓰다03), 쓸 데 없는데

(쓰다03), 고거 쓴다꼬 캤나?(쓰다03), 픽 쓰러지까바 겁나, 쓰러지마 우짜노 혼잔데

cf. 스물아홉이라고?, 그라마 스무여덟에 시집갔나? 스무살이 언제쩍이고 시푸다

ㄴ. 위시개한다고 캤지마는, 위시개 여담으로 캤는데, 구실 아이가 구실, 가심팍에 그게 먼교?, 가심을 치고 울었지, 가심에 하이 많지, 베실한다꼬 내 집에만 앉아가, 베실은 무신, 베실 하도 모했지, 거실 꺼 없다, 거실지도 않고 착했어, 거실지도 안해, 무신 난리났다고 캐가, 무신 그런말이 다 있노, 밉깔시럽구로 그카마 안 갈차주지, 엥간하다 진짜로 징글시럽다, 애지랑시럽게 말도 이뻐고, 그렇지 자랑시럽지, 자랑시럽고 마고다, 자랑시럽운 손자지 고맙고, 고 색 참 요사시럽네, 심보가 고약시럽다 아이가, 이상시럽다 와 카노, 시이야 남사시럽구로 와카노, 얄궂다 진짜 이상시럽구로 ~ 우스개가 아이라, 할매 가슴에 있는 한 푸이소 카드라

ㄷ. 도이 있시마 내가 주고도 남지, 맴이 업시니까네 그카지, 있시마 몬 그캐 ~ 없으니까네 몬 주지

cf. 하나씩 틀려주고 그래야

(5.ㄱ)~(5.ㄴ)은 형태소 내부 환경으로 (5.ㄱ)은 어두 'ㅅ' 아래에서 실현되는 전설모음화의 실현 양상이다. 체언 '스님'은 전설모음화 실현형 '시님'과 비실현형 '스님'이 공존하는 것을 알 수 있다. 용언 '쓰다'는 '쓰다01,

쓰다02, 쓰다03'이 다른 의미 양상을 보임에도 불구하고 모두 실현형과 비실현형이 공존한다는 특징이 있으며, '쓰러지다' 역시 공존하는 양상을 보인다.

반면, '스님'과 달리 같은 체언인 '스물'에서는 '스물~스무'와 같이 전설모음화 비실현형으로만 나타났다. 『한국방언자료집』에서는 '스물'과 관련된 어휘가 총 5개 조사되었는데, 그 중 '스물, 스무말'은 달성지역에서 전설모음화 실현형 '[syi－]'로 나타나는데 '스무살, 스무개, 스무되'는 전설모음화 비실형 '[sɨ－]'로 나타났다. 이를 통해 달성지역에서는 나이와 관련된 '스물'에서는 전설모음화가 실현되지 않는 경향이 강함을 알 수 있다.

〈표 4〉 『한국방언자료집』 '스물' 관련 어휘의 음성형

| | 조사어휘 | 음성형 |
|---|---|---|
| syi－ | 스물 | [syimu] |
| | 스무말 | [syimumal] |
| sɨ－ | 스무살 | [sɨmusal] |
| | 스무개 | [sɨmugE] |
| | 스무되 | [sɨmudE] |

(5.ㄴ)은 비어두 'ㅅ' 아래에서 실현되는 전설모음화의 실현 양상이다. '우스개, 가슴'은 전설모음화 실현형과 비실현형이 공존하는데 비해 '구슬, 벼슬, 거스르다, 무슨'은 실현형으로만 나타났다. '벼슬'은 전설모음화와 함께 'ㅕ→ㅔ'의 단모음화가 함께 나타난 '베실'형으로 실현되었고, '거스르다'는 전설모음화와 함께 음절이 축약되어 '거실다'로 나타났다. '밉깔시럽다, 징글시럽다, 애지랑시럽다, 자랑시럽다, 요사시럽다, 고약시럽다, 남

사시럽다, 이상시럽다'는 형용사를 만드는 접미사 '-스럽다'가 전설모음화 되어 '-시럽다' 형태로 실현된 것이다.

(5.ㄷ)의 '있시마, 업시니까네'는 용언에 어미 '-으마(으면), 으니까네(으니까)'가 결합한 경우로 전설모음화 비실현형보다 실현형이 높은 비율로 나타나고 있음을 확인할 수 있다. 이를 통해 달성지역 노년층 화자들의 전설모음화는 그 실현 환경이 형태소 내부 어두·비어두뿐만 아니라 형태소 경계에까지 확대되어 매우 활발히 적용되고 있다고 할 수 있다. (5.ㄷ)과 같이 용언의 활용에서는 전설모음화가 실현되지만, 같은 형태소 경계 환경이더라도 체언의 곡용에서는 전설모음화가 실현되지 않았다. 실제로 조사 과정에서 달성지역 노년층 화자들은 '꼬츠로(꽃으로) 만들기도 하지마는, 꼬슬(꽃을) 마 죄다 꺾어가'와 같이 전설모음화 비실현형으로만 발화하였고, '*꼬치로, *꼬실'과 같은 전설모음화 실현형으로는 발화하지 않았다.

또한 (5.ㄷ) '하나씩'의 '-씍'은 수량 접사 '-씩'의 변이형으로 전설모음화의 과도교정형으로 볼 수 있는 예이다. 과도교정형은 본래의 음운 현상이 생산적으로 확산 적용될 때 나타날 수 있는 현상이므로 현대 달성지역 노년층 화자들은 전설모음화를 여전히 생산적인 음운 현상으로 사용하고 있음을 알 수 있다.

다음으로 달성지역 청년층 화자들의 전설모음화 실현 양상을 살펴보자.

(6) ㄱ. 스님은 고기 못 먹잖아요, 고기 먹는 스님 봤는데요 식당에서, 스님이 막 차도 좋은 거 타고, 스님이라고 다 걸어다니나 머, 왜 땡중이라캐요 스님보고?, 빗자루로 쓸고 그런 거는 하는데요, 저거 쓸 수 있는 거예요?(쓰다01), 연필로 쓰

라 캤잖아(쓰다01), 지가 쓴데요(쓰다02), 이거 쌤 꺼 쓸 수 있어요?(쓰다03), 그거 쓴 거 아니에요?(쓰다03), 신경 쓰지마요 맨날 저래요(쓰다03), 그래도 우째 신경이 안 쓰이냔다(쓰다03), 완전 신경 쓰여요(쓰다03), 힘 쓴다고 다 되는 게 아니잖아(쓰다03), 쓴 거도 먹고 캐야지(쓰다06), 약은 원래 다 쓰잖아요(쓰다06), 씁다 아니에요?(쓰다06), 애가 약해가꼬 서 있는데 쓰러져가꼬, 니가 함 슬쩍 물어봐라
**cf**. 이거 진짜 씹다, 대박 씹네, 이거 씨버요?, 자몽이 쫌 씹잖아

ㄴ. 구슬치기? 그게 뭔데요?, 구슬치기도 모르나, 갑자기 가슴이 답답한데요, 가슴이 답답할 땐 개비스톤, 가슴 큰 게 글래머 아니에요?, 벼슬은 옛날 국회의원 같은 건가?, 공무원도 옛날에 벼슬한 거랑 같은 거 아니에요?, 무슨 소리하는데, 거역한다랑 거스르다랑 비슷한가?, 신경 거슬린다 저리 가라
**cf**. 우야노 미안시러버서 진짜 미안테이

ㄷ. 돈 있으면 쫌 빌려돌라고, 있으면 나도 주고 싶다

(5)와 마찬가지로 (6.ㄱ)~(6.ㄴ) 역시 형태소 내부 환경이며 (6.ㄱ)은 어두 'ㅅ' 아래에서 실현되는 전설모음화의 실현 양상이다. 노년층 화자들과 달리 '스님, 쓰다01, 쓰다02, 쓰다03, 쓰러지다'에서는 전설모음화 비실현형으로만 나타나는 것을 알 수 있다. 반면, '쓰다06'의 경우 '쓰다, 씁다, 씹다'와 같이 다양한 변이형들이 존재한다. '쓰다'는 표준형, '씁다'는 표준형 '쓰다'에 대응되는 경북방언, '씹다'는 '씁다'의 전설모음화 실현형으로

볼 수 있겠다. 달성지역 청년층에서는 '쓰다06'의 의미로 사용될 때 전설모음화 비실현형 '쓰다, 씁다'와 실현형 '씹다'가 공존하는 양상을 보이는데, 전설모음화 실현형은 '씹다' 형으로는 나타나지만 '*씨네' 형으로는 나타나지 않았다는 특징이 있다.[3]

(6.ㄴ)은 비어두 'ㅅ' 아래에서 실현되는 전설모음화의 실현 양상으로 '미안시럽다'를 제외한 '구슬, 가슴, 벼슬, 무슨, 거스르다' 등 대부분의 어휘에서 전설모음화 비실현형으로만 나타났다. 달성지역 청소년 화자들의 경우 형태소 내부에서는 대부분의 어휘가 비실현형으로만 나타났는데 이는 노년층 화자들의 경우 대부분의 어휘에서 전설모음화가 실현되는 것과 비교되는 부분이다.

(6.ㄷ)은 형태소 경계로 용언에 어미 '–으면'이 결합할 때에는 전설모음화 비실현형으로만 나타났다. (9)를 통해 달성지역 청년층 화자들은 '씹다(씁다), 미안시럽다(미안스럽다)'와 같은 일부 어휘를 제외하고는 대부분의 형태소 내부·경계 환경에서 비실현형으로만 나타나는 것을 알 수 있다. '씹다, 미안시럽다'와 같이 실현형으로 나타나는 일부 어휘는 달성지역 청년층 화자들에게 전설모음화의 통시적 잔존형으로 존재하는 것으로 볼 수 있다. 따라서 청년층 화자들에게 전설모음화는 더 이상 공시적으로 적용되는 음운 현상이 아니라고 할 수 있다.

---

3 '쓰다'는 이 지역에서 오래전부터 존재했던 '씁다'에 대응되는 표준형으로 최근에 새로 유입된 어휘로 볼 수 있다. 이는 달성지역 노년층의 발화에서 한 차례도 나타나지 않았다는 점에서도 그렇다(이거 와이래 씹노, 씹은만침 몸에 좋다). 유입된 표준형을 주로 사용하는 젊은 세대들은 전설모음화를 낙인형으로 인식하기 때문에 표준형 '쓰다'의 전설모음화 적용형인 '씨다'가 나타나지 않는다고 볼 수 있다.

〈표 5〉 전설모음화 세대별 실현 양상

| | 노년층 | 청년층 |
|---|---|---|
| 형태소 내부 | 어두, 비어두 /s+ɨ/ | 일부 어휘(씹다, 미안시럽다) |
| 형태소 경계 | /s+ɨ/ | 실현되지 않음 |

달성지역에서는 세대에 따라 전설모음화 실현 양상에 차이를 보인다. 청년층에서는 어두 'ㅅ' 아래의 일부 어휘를 제외한 대부분의 어휘에서 전설모음화가 실현되지 않는데 비해 노년층에서는 형태소 내부의 대부분 어휘에서 전설모음화가 실현되고 있다. 나아가 노년층에서는 형태소 경계의 'ㅅ' 아래 모음 '으' 환경에서도 활발하게 전설모음화가 실현된다. 즉, 노년층에서는 개신형이 보수형보다 많은 상태의 공시적 변이 양상을 보이는데 비해 청년층에서는 보수형이 개신형보다 많은 상태의 공시적 변이 양상을 보인다고 할 수 있다.

이러한 양상을 보이는 이유는 James Milroy(정영인 외6, 1998)에서 찾아볼 수 있다. James Milroy(정영인 외6, 1998:188)은 아주 긴밀하게 짜여진 조직망은 외부로부터 조직망을 변화시키려는 압력에 반발하는 보수적인 힘이 작용하고, 유대관계가 약한 화자들은 토속방언의 규범에서 가장 멀어진 사람들이고 조직망 외부에서 기인하는 변화의 압력에 가장 많이 노출되어 있다고 하였다. 그렇다면 달성지역에서는 노년층의 경우 청년층에 비해 아주 긴밀하게 짜여진 유대감이 강한 집단이기 때문에 언어의 표준어화라는 변화 속에서도 여전히 전설모음화를 실현시킨다고 볼 수 있다.

반면, 청년층은 노년층에 비해 유대관계가 약할 뿐 아니라 교육을 통해 이미 토속방언의 규범을 '고쳐야 할 것'으로 인식하고 있기 때문에 '언어의 표준어화'라는 외부의 변화에 이끌려 전설모음화 비실현형을 사용한다고 할 수 있겠다. 이처럼 하나의 음운 현상에 대해 한 지역 내부의 두 세대에서 나타나는 극명한 변이 양상의 차이는 언어 내적 요인보다는 언어 외적 요인이 강하게 작용하는 것으로 볼 수 있다.

(7) 조사자: '미안해서'나 '미안스러워서'가 아니라 왜 '미안시러버서'라고 했어?

제보자: 읏시 미안하니까… 괜히 미안해서요… 왜 괜히 민망하고 그러니까 미안은 한데 그런 거 있잖아요.

조사자: 너무 미안은 한데 너무 진지하게 사과하기 민망하고 그럴 때?

제보자 : 네네. 바로 그럴 때. (웃음)

조사자 : 그럼 평소에는 '미안시러버서' 이런 말 잘 안 쓰겠네?

제보자 : 그렇죠. 그냥 사투리 느낌이니까 친한 사람들끼리?

(8) 조사자: '미안시러버서'도 쓰니까 '넘사시러버서' 이런 말은 안 써?

제보자: (웃음) 많이 들어는 봤는데… 자주 쓰나?

조사자: 언제 들어봤어?

제보자: 우리 부모님 또래?

조사자: 뜻은 알아?

제보자: 남보기 부끄럽게 뭐 그런 뜻 아니에요? 생각해보니까 쓸 때도 있는 거 같아요. 근데 자주는 아닌 듯.

조사자: 나도 넘사시럽다는 잘 안 쓰는 거 같긴 해. 근데 왜 안 쓸까?

제보자: 음… 이거도 사투리 아니에요? 그니까 쫌 괜히 안 쓰게 되는 거 같아요.

(7)을 통해 전설모음화 실현형에 대한 청년층 제보자의 인식을 찾아볼 수 있다. '미안시러버서'와 같은 전설모음화 실현형은 '사투리'이기 때문에 '친한 사람들끼리'만 사용하고, '너무 미안한 상황인데 사과하기 민망할 때 '친근하게' 사용하는 표현'임을 알 수 있었다. 이를 통해 현대 달성지역 청년층 화자들은 특별한 감정이나 어감을 반영하는 표현으로 전설모음화 실현형을 사용한다고 할 수 있겠다. 즉, '미안하다'는 감정을 전달하더라도 [+친밀감]을 드러낼 때 전설모음화 적용형 '미안시럽다'를 사용하는 것으로 추측된다. 친밀감을 드러내는 표현으로 표준형이 아닌 방언형을 사용한다는 것은 같은 방언을 사용하는 화자들 사이에서는 방언형이 오히려 동질감이나 유대감을 드러내고 이를 통해 감정 표현이나 어감을 강조할 수 있기 때문이다.

(8)은 조사 과정에서 나타나지 않은 실현형에 대한 인식이다. 달성지역 청년층 화자들은 전설모음화 실현형에 대해 의미도 알고 있지만 '사투리'이기 때문에 자주 사용하지 않는다는 인식을 가지고 있었다. James Milroy(정영인 외 6, 1998:143)에서는 변이의 존재는 상이한 변이형들이 서로 다른 집단들에 의해서, 서로 다른 사회적 기능을 위해 선택된다는 점에서 언어 변화를 가능하게 한다고 하였다. 이러한 관점에 따른다면 달성지역에서는 '젊은 세대'에 의해서 전설모음화의 변화가 진행되었다고 할 수 있는데, 이들이 전설모음화라는 음운 현상의 변화를 확산(및 완료)이 아닌 '소멸'의 방향으로 이끄는 것은 '표준어 교육'으로 인해 젊은 세대가 전설모음화 실현형을 '낙인형'으로 인식하기 때문으로 볼 수 있다. 이상규

·안귀남(2007:338)에서도 '전부모음화 현상도 움라우트 현상과 마찬가지로 확산 중인 음운 변화인데 20세기에 들어서면서 표준어의 영향으로 퇴조의 길을 걷게 된 현상이다'라고 한 바 있다. 이는 방언형을 사용하는 것보다 표준형을 사용하는 것이 더 '옳다'는 사회적 기능에 의한 것이라고 볼 수 있겠다.

## 5. 결론

본고에서는 달성지역에서 전설모음화가 어떠한 변화 과정을 겪고 있는지에 대해 고찰하였다. 달성지역은 대구광역시 내에서도 언어 변화의 속도가 느린 지역이기 때문이다. 이를 위해 먼저, 영남지역 문헌을 통해 18세기부터 20세기에 이르기까지 전설모음화가 어떠한 변화를 겪고 있는지 살펴보았다. 영남지역에서 간행된 문헌에 한정하여 전설모음화 적용형을 조사해본 결과 영남지역의 전설모음화는 18세기 후반 '비어두 ㅅ'에서부터 시작되었고 20세기 초기까지 점차 그 변화 환경을 '비어두·어두 ㅅ, ㅈ'으로 확대하였다. 20세기 후반 달성 지역어 자료에서는 '비어두·어두 ㅅ, ㅈ'에서 더 나아가 '비어두 유음 ㄹ'에서도 전설모음화가 실현되는 것을 확인할 수 있었다.

다음으로, 현대 달성지역의 공시적 전설모음화 변이 양상을 살펴보았다. 현대국어에서 전설모음화는 수의적 음운 현상이기 때문에 공시적 상태에서 개신형과 보수형이 공존하고 있을 가능성이 가장 높다. 하지만 개신형과 보수형이 공존하고 있더라도 세대에 따라 그 양상이 다를 수 있기 때문에 노년층과 청년층으로 분류하여 공존 양상을 살펴보았다. 방언 조사를 통해 21세기 현대 달성지역에서도 노년층에서는 전설모음화가 생산적으로 적용되고 있음을 확인할 수 있었다. 그러나 청년층으로 갈수록 전설모음화가 적용되지 않는 예가 일반적이고 '미안시럽다, 씹다' 등과 같이 한정된 일부 예에서만 전설모음화 실현형이 나타났다. 청년층에서 나타난 이러한 개신형들은 공시적으로 적용되는 음운 현상이라기보다 통시적 잔존형으로 존재하는 것으로 볼 수 있다. 노년층은 전설모음화가 적용된 개신형이 전설모음화가 적용되지 않은 보수형보다 높았고, 청년층은 보수형이 개신형보다 높은 변이 양상을 보였다. 그렇다면 노년층에서 청년층으로 갈수록 전설모음화는 소멸되고 있다고 할 수 있다.

결과적으로 달성지역에서 전설모음화는 18세기부터 생산적으로 적용되다가 현대에 이르러 그 변화가 급격히 소멸되고 있으며, 이러한 소멸의 변화를 주도하는 세대는 청년층으로 볼 수 있다. 청년층에서 소멸이 진행되는 이유는 표준어 교육에 따라 방언형을 낙인형으로 인식하였기 때문인데, 이는 방언형과 표준형에 대한 사회적 인식과 기능이 반영된 결과라고 볼 수 있다.

## 참고자료


강희숙(2000), 「전설모음화의 발달과 방언 분화-전남방언을 중심으로-」, 『한국언어문학』 44, 한국언어문학회, 521-542.

강희숙(2005), 「고모음화의 실현과 방언 분화-전남방언과 서울말을 중심으로-」, 『우리말글』 33, 우리말글학회, 1-32.

김덕호(1997), 「경북방언의 지리언어학적 연구」, 경북대학교 박사학위논문.

김영배(1984), 『평안방언연구』, 동국대학교 출판부.

김형규(1974), 『한국방언연구』, 서울대학교 출판부.

남광우(1984), 『한국어의 발음 연구』, 일조각.

박지홍(1983), 「경상도 방언의 하위 방언권 설정」, 『인문논총』 24, 부산대학교 인문학연구소, 27-50.

배혜진(2014), 「달성지역어의 음운론적 변이와 변화 연구」, 영남대학교 박사학위논문.

백두현(1992), 『영남 문헌어의 음운사 연구』, 태학사.

소신애(2006), 「공시적 음운 변이와 통시적 음운 변화의 상관성」, 서강대학교 박사학위논문.

유창돈(1964), 『이조국어사연구』, 선명문화사.

이기갑(1986), 『전라남도의 언어지리』, 탑출판사.

이기문(1972), 『국어사개설』, 탑출판사.

이병근(1970), 「19세기 후기 국어의 모음체계」, 『학술원논문집』 9, 375-390.

이상규 ·안귀남(2007), 『한국어 방언학』, 학연사.

정영인 외 6인(1998), 『언어 변이와 변화』, 태학사.

정철(1997), 「동남 지역어의 하위 방언 구획 연구」, 『어문논총』 31, 경북어문학회, 145-250.

천시권(1965), 「경북방언의 방언구획」, 『어문학』 13, 한국어문학회, 1-12.

최명옥(1982), 『월성지역어의 음운론』, 영남대학교 출판부.

최명옥(1992), 「경상북도의 방언분화 연구」, 『애산학보』 13, 애산학회, 53-103쪽.

최명옥(1994), 『경상도의 방언 구획 시론』, 권재선 박사 기념 논문집, 우골탑.

최명옥(1998), 『한국어 방언연구의 실제』, 태학사.

최전승(1986), 『19세기 후기 전라방언의 음운 현상과 역사성』, 한신문화사.

최전승(1995), 『한국어방언사 연구』, 태학사.

최전승(2014), 「국어사 한글 자료에 반영된 언어 현상과 언어 변화를 해석하는 몇 가지 대안에 관한 일 고찰: 주로 음운사의 측면에서」, 『2014년도 국어사학회 여름 전국학술대회 발표집』, 국어사학회.

한국정신문화연구원(1985), 『한국구비문학대계 7~14-경상북도 달성군편』, 한국정신문화연구원.

한국정신문화연구원(1989), 『한국방언자료집VII 경상북도편』, 한국정신문화연구원.

Allen, H. B.(1973), The Linguistic Atlas of the Upper Midwest, University of Minnesota Press.

Labov, W.(1972), Sociolinguisic Patterns, Philadelphia: The Ununersity of Pennsylvania Press.

Milroy, J.(1992), Linguistics Variation & Change, Basil Blackwell.